DES ÉLOGES P[...]
DE CO[...]

« Nous savons tous qu'un bon lieu de travail est crucial pour le succès à long terme. Ceci dit, comment est-ce que les gestionnaires réussissent à le bâtir? Le livre de Bob Lee fournit 16 principes clairs et concis ainsi que des conseils qui nous montrent comment les appliquer pour augmenter la confiance des employés dans n'importe quel type d'industrie ou d'organisation. »

    - Alex Edmans, professeur de finance, London Business School

« Voici le livre que tout gestionnaire devrait lire. Bob Lee met l'accent sur 16 règles que les gestionnaires devraient suivre pour bâtir de la confiance au sein de leurs équipes et de leur organisation. En se servant d'un langage très clair et franc, Lee résume des leçons tirées de l'immense base de données de résultats de sondage d'employés et de pratiques de gestion exemplaires de *Great Place To Work*, ainsi que de ses 15 ans d'entrevues avec des gestionnaires. »

    - Robert Levering, cofondateur, *Great Place To Work*

« Bob Lee a écrit un livre dont on avait grandement besoin. Finalement, un livre qui aide réellement les gérants de tous les niveaux à bien effectuer leur travail. Ce livre enlève tout le charabia et le baragouinage académique du leadership et présente ce que ce dernier devrait être : des interactions claires, simples et humaines. Trust Rules présente des conseils concrets et simples que tout gestionnaire peut appliquer. Sa concision est un gros avantage; il n'y a aucune phrase superflue. C'est simple et amusant à lire, le rendant idéal pour les gérants qui ne lisent pas habituellement de livres. Introduire le concept de confiance au cœur du leadership est une décision sage et bien fondée, puisque sans la confiance, les gestionnaires n'auraient rien. »

- Panu Luukka, fondateur et concepteur de culture d'entreprise, Leidenschaft

« Les règles de confiance fournit des conseils pratiques, intelligents et concis pour créer un lieu de travail hautement performant avec un niveau élevé de confiance. Tout gestionnaire devrait lire ce livre et le consulter souvent. »

- Michael Burchell, spécialiste en solutions d'entreprise, McKinsey & Company

« Créer une culture d'entreprise formidable peut nous sembler intimidant. Les règles de confiance de Bob Lee décompose le processus et le présente sous la forme de pratiques de gestion faciles à comprendre et qui s'appliquent à améliorer l'environnement de travail de manière quotidienne. C'est non seulement un livre qui relance immédiatement l'inspiration, mais qui sert également de manuel de référence avec des idées et des rappels pratiques. »

- Erin Moran, directrice de la culture, Union Square Hospitality Group

« Les règles de confiance fonctionne à tellement de niveaux. C'est simple tout en étant intelligent; une lecture facile mais réfléchie. Le livre fournit surtout des contextes réels, ce qui le met à part des autres livres. C'est une lecture excellente pour tous les niveaux de gestion parce qu'elle sert de puissant rappel de faire les choses de la bonne manière. »

- Gary McCabe, directeur des ressources humaines, Kuehne + Nagel

« Une lecture facile et informative. Étant relativement débutant dans le monde de la gestion, je suggère de plonger tête la première dans ce livre. Chacun construit son propre style de gestion. Si vous recherchez le vôtre, vous y trouverez de l'inspiration et une direction claire. »

- Luke Taaffee, chef de réception, Clontarf Castle Hotel

« Les règles de confiance est un manuel pratique pour les gestionnaires, peu importe la phase de leur carrière. Nos lieux de travail étant en évolution constante, il est inspirant de lire un livre qui montre aux gérants comment diriger d'une manière qui adopte les valeurs durables et qui bâtit et maintien des lieux de travail extraordinaires. »

- Cheryl Naja, directrice des services communautaires et pro bono

« J'adore l'approche que Bob présente envers le leadership. Les règles de confiance est rafraîchissant, une série de règles simples et pratiques pour diriger la relation entre les gestionnaires et leurs équipes en se basant sur les principes du respect, de la gentillesse, de la décence et de la pensée positive... Quelque chose de rare! »

- Colum Slevin, directeur du divertissement et de la technologie

« Soyons reconnaissants envers Bob Lee pour avoir créé l'une des feuilles de route les plus pertinentes sur la manière d'instaurer efficacement la confiance dans les lieux de travail et de conquérir le cœur et l'esprit des employés. Les seize règles présentées dans son livre sont un recueil de principes directeurs pratiques et précieux qui favoriseront un environnement de travail plus sain, plus agréable et plus productif. Les règles de confiance est un livre convaincant et utile qui cherche à construire un bon lieu de travail et à produire des résultats d'affaires exceptionnels. La confiance règne! »

- Ramiro Garces, consultant RH mondial, spécialiste de l'engagement des employés et orateur

« Bob Lee partage généreusement son manuel de stratégie pour devenir un gestionnaire d'envergure internationale. Les règles de confiance est remplie d'éléments utiles et réalisables que les dirigeants peuvent appliquer dès aujourd'hui. Le livre fournit tous les outils nécessaires pour la gestion de la main-d'œuvre dynamique et diverse d'aujourd'hui à tous les niveaux. »

- Alex Chung, auteur de Highest Success

« Ce livre déborde d'énergie. Vous apprendrez ce qu'il vous faut pour bâtir des relations, établir un niveau élevé de confiance et créer des équipes hautement performantes en termes simples. Lire ce livre est "quelque chose de simple" que vous pouvez entamer tout de suite dans le but d'améliorer vos compétences en leadership. »

- Colin Wallace, directeur des RH, Sanofi, Europe

« Lee a écrit un manuel pratique et informatif pour les gestionnaires. Les règles de confiance est une lecture facile et rapide qui fournit un excellent aperçu de ce qui est nécessaire pour établir de bonnes relations entre les gestionnaires et les employés, et ces dernières stimulent la productivité. »

- Cindy Ventrice, auteure de Make Their Day! Employee Recognition That Works

« Les règles de confiance comble un vide et est agréable

à lire dans le but d'établir des relations solides avec les employés. Ces relations sont le highlight des cultures d'entreprises réellement captivantes. Tout gestionnaire qui souhaite développer de telles relations et de telles cultures y retrouvera de précieux conseils. »

- Colin Curran, vice-président, opérations globales RH, Teleflex

« Peu importe votre industrie ou votre secteur, la confiance est un facteur clé pour le succès des gestionnaires. Dans Les règles de confiance, Bob Lee guide les lecteurs grâce à 16 règles simples et efficaces pour créer de la confiance en se basant sur des conseils sensés et pratiques. Chaque règle est appuyée par des descriptions perspicaces et intuitives dans le but d'obtenir le meilleur de vous-même, de vos équipes et, en fin de compte, votre entreprise. Ce manuel est non seulement indispensable pour tout gestionnaire qui souhaite se perfectionner autant personnellement que professionnellement, mais aussi pour établir des relations authentiques, durables et qui ont un impact. Comme dit Lee : "le vrai succès consiste à savoir qui nous sommes vraiment." »

- Gary Keegan, conférencier invité, London Business School, spécialiste haute performance et consultant en leadership

« Les règles de confiance souligne l'importance pour les dirigeants de se pencher sur leurs propres méthodes et d'être conscients de leurs impacts sur leurs équipes. C'est un bon guide pour nous rappeler que, fondamentalement, la gestion consiste à traiter les gens avec respect et à faire preuve d'attention. »

- Caroline Texier, chargée de programme EMEA, Dell EMC

« Les règles de confiance est un accomplissement simple et sans baragouinage... J'ai adoré! Le livre de Bob est utile pour les gérants, les dirigeants et les cadres. Il est surtout pour les gens, celles et ceux qui comprennent que d'être bon et honnête sont des préalables pour diriger autrui. Ses règles correspondent à celles de *Great Place To Work* parfaitement et servent de rappel crucial des principes simples, bien que souvent oubliés, d'un leadership de qualité. »

- Hal Adler, PDG, Leadership Landing

RÈGLES DE CONFIANCE

Comment les meilleurs gestionnaires au
monde créent des bons lieux de travail

BOB LEE
& JOSE TOLOVI NETO

Publié par Trust Lab Press, Dublin, Irlande

thetrustlab.com

Conception: Giselle Chacon www.gisellechacon.com

Conception et mise en pages intérieure: Paul Barrett Cover Design: Paul Barrett

GREAT PLACE TO WORK est une marque déposée de Great Place to Work Institute, Inc.

Le Trust Index Survey et le Great Place to Work® Model sont des œuvres protégées par droits d'auteur de Great Place to Work Institute, Inc.

ISBN: 9781912711123 e-ISBN: 9781912711130

Première édition

Des rabais spéciaux sont accordés sur les achats en grande quantité par les sociétés, les associations et autres. Pour plus de détails, veuillez contacter ca_contact@greatplacetowork.com

Nous avons trouvé l'inspiration pour écrire ce livre grâce aux nombreux gestionnaires de ce monde qui choisissent de traiter les gens avec respect, dignité et gentillesse.

Si vous êtes l'un de ces gestionnaires, merci. Vous améliorez la vie des autres et vous faites du monde un endroit meilleur et plus agréable. Ne lâchez pas.

LES RÈGLES DE CONFIANCE
TABLE DES MATIÈRES

INTRODUCTION

LES GESTIONNAIRES SONT IMPORTANTS

Un gestionnaire fait en sorte qu'un employé aime son travail ou non. Un mauvais gestionnaire peut gâcher l'environnement de travail à lui tout seul, peu importe l'effort que mettent les hauts dirigeants pour créer une culture organisationnelle décente. Un bon gestionnaire fraie le chemin vers une expérience de travail agréable. Un excellent gestionnaire en fait beaucoup plus.

Un excellent gestionnaire peut créer un environnement remarquable pour son équipe, même si la plupart des gens ne considèrent pas que le lieu de travail soit agréable dans l'ensemble. Les gestionnaires peuvent s'assurer que leur équipe soit forte, loyale et dévouée, même lorsqu'elle est entourée de gestionnaires et d'équipes en difficulté qui perdent de précieux employés plus rapidement qu'il est possible de les remplacer. En général, les employés ne quittent pas une organisation; ils quittent leurs gestionnaires. Lorsqu'ils restent, c'est souvent grâce à leur gestionnaire.

Les indices révélateurs d'une équipe mal gérée sont faciles à repérer : ses membres disent plus souvent « ils » que « nous » lorsqu'ils parlent de leurs collègues; il y a peu de collaboration, s'il y en a; ils sont sarcastiques; ils roulent des yeux; les conversations sont « à sens unique »; les résultats inférieurs aux attentes, autant pour l'individu que pour l'équipe; les niveaux de stress, d'anxiété et de roulement de personnel sont élevés. Surtout, une mauvaise ambiance s'y installe.

Les preuves d'une équipe bien gérée sont tout aussi évidentes : de réelles discussions; l'emploi courant de « nous »; la coopération et la collaboration; le rire; l'intention des employés de continuer à travailler pour l'entreprise; des gens contents; d'excellents résultats.

Nous sommes conscients du type de gestionnaire que nous souhaitons être, mais quelque chose d'étrange arrive à plusieurs d'entre nous lorsque la possibilité de devenir gestionnaire se présente. Au moment où nous devenons responsables d'autrui, peinons à créer le type d'environnement que nous désirons nous-mêmes. Nous connaissons les comportements et les attitudes que nous avons appréciés chez nos propres gestionnaires : ceux qui nous ont fait sentir confortables, valorisés, respectés et contents. Nous avons pourtant du mal à appliquer ces connaissances dans notre manière de traiter avec nos employés.

Afin de combler cet écart, de nombreux employeurs d'envergure internationale développent une philosophie et une méthodologie de gestion pour la nouvelle réalité de l'économie du savoir. Leur objectif est de faire ressortir le meilleur des gens, de faire en sorte qu'ils s'impliquent entièrement. Sans ces derniers, ils savent qu'il n'y aurait pas d'entreprises. Ce ne sont pas toutes les entreprises qui comprennent cela, même si c'est logique. Bien que la plupart d'entre elles disent que leur personnel est leur plus grand atout, ils les gèrent comme s'ils étaient accessoires à leur succès. En d'autres mots, ils sont d'ordre secondaire. C'est autant une erreur importante qu'une occasion ratée puisque ce qui distingue les meilleurs employeurs au monde des autres est la qualité des relations entretenues au travail. De plus, quel est le facteur principal qui détermine la qualité de ces relations? La réponse est simple : le niveau de confiance entre les gestionnaires et les employés.

La plupart d'entre nous n'avons jamais pensé à l'importance d'établir des relations de qualité avec nos employés parce que nous n'avons jamais appris pourquoi c'était si crucial. Le courant traditionnel de gestion n'a pas su s'adapter. On n'enseigne pas la confiance à l'école. Ce n'est pas mis de l'avant ni dans les programmes de MBA ni dans les formations à l'interne. C'est problématique. On nous apprend comment gérer les ressources dont nous sommes responsables (l'établissement, la machinerie, l'équipement, les véhicules), on nous apprend comment gérer les personnes qui se servent de ces ressources (des cibles de production, des budgets des ventes, des normes de service), mais nous n'avons jamais appris comment atteindre ces cibles de manière claire. Pour ce faire en tant que gestionnaire, nous devons développer la confiance avec chacun de nos employés.

Le mot « confiance » serait « la conviction » de « la fiabilité, la vérité ou les aptitudes » d'une personne selon le Oxford Dictionary. C'est le facteur clé pour établir de bonnes relations entre les gestionnaires et les employés, et ces relations sont la pierre angulaire de la culture de la confiance sur laquelle tout lieu de travail de qualité est construit. En tant que gestionnaire, tout acte que vous posez et chaque mot que vous prononcez sont susceptibles d'affecter le niveau de confiance d'une manière ou d'une autre.

Pourquoi mettre cet accent sur la confiance? Pour bien comprendre cela, remontons aux années 80 et parlons d'un livre qui est devenu la genèse d'une révolution mondiale du travail.

LA CONFIANCE ET LE LIEU DE TRAVAIL

En 1981, un rédacteur en chef new-yorkais a proposé un défi à deux journalistes, Robert Levering et Milton

Moskowitz : celui de trouver les meilleurs employeurs aux États-Unis, de déterminer ce qui les rend spéciaux et d'écrire un livre à ce sujet. Levering et Moskowitz ont traversé le pays sur une période de deux ans et sont allés visiter des entreprises reconnues pour être de bons employeurs. Ils ont publié leurs conclusions dans un livre best-seller du New York Times intitulé The 100 Best Companies to Work for in America en 1984. Ils s'attendaient à découvrir que ces compagnies se démarquaient grâce à leurs programmes d'avantages sociaux, mais ont plutôt été complètement surpris. Bien qu'ils aient effectivement trouvé des pratiques généreuses et créatives, ils ont vite réalisé que l'excellence de ces lieux de travail provenait de quelque chose de beaucoup plus puissant que des avantages originaux : l'enthousiasme.

« L'enthousiasme était ressenti aussitôt que tu franchissais la porte, explique Levering, que ce soit par l'accueil que le réservait le réceptionniste ou par la manière dont les employés interagissaient les uns avec les autres dans les couloirs : conviviale et amicale. J'ai appris que ce qui distinguait les meilleurs lieux de travail des autres était la façon dont les gestionnaires et les employés s'entendaient. J'ai particulièrement remarqué un niveau de confiance exceptionnel entre ces derniers. En revanche, les mauvais lieux de travail faisaient preuve d'une absence de confiance. » Levering a remarqué que ce qui créait cet esprit et ce qui démarquait ces entreprises des autres était la qualité des relations qui se concentraient sur chaque individu.

1) La relation entre les employés et leurs gestionnaires reflète le niveau de confiance entre eux.

2) La relation entre les employés, leur travail et l'entreprise sont évidents dans la fierté qu'ils éprouvaient pour leur travail.

3) Les relations entretenues entre les employés mettent à l'évidence la camaraderie au travail. En se basant sur ces idées, Levering, en partenariat avec Amy Lyman, a fondé le *Great Place To Work Institute* en 1991, une organisation axée sur le fait d'établir et de reconnaître d'excellents lieux de travail à travers le monde.

Au Canada, nous avons la chance de faire affaire avec le Institute depuis 2005. Notre définition d'un bon lieu de travail, élaborée au tout début de l'organisation et demeurée pareille, reflète la nature intemporelle des relations humaines, est celle d'un endroit où l'on fait confiance aux gens pour qui nous travaillons, où l'on est fier dans ce que nous faisons, et où l'on a du plaisir à travailler avec ses collègues. À travers les années, nous avons appris que même si la fierté et la camaraderie se retrouvent dans toutes les équipes avec un niveau élevé de confiance, vous ne retrouverez pas nécessairement un niveau élevé de confiance au sein de toute équipe fière et amicale. Par exemple, vous pouvez être fier de votre contribution et de celle de votre équipe tout en faisant peu confiance à votre employeur; c'est donc un lieu de travail désagréable. Ce n'est pas rare qu'il y ait de la solidarité dans les mauvais lieux de travail, mais c'est une solidarité négative, destructive et qui divise; c'est donc une sorte de solidarité que vous retrouvez chez les grévistes!

La confiance définit la qualité du lieu de travail. Si le niveau de confiance est faible, votre lieu de travail est désagréable. Quand le niveau est élevé, vous en avez trouvé un excellent. Là où la confiance est élevée, vous trouverez toujours un bon gestionnaire et un bon lieu de travail.

Il est impossible pour un employé d'avoir une expérience de travail positive à moins de faire confiance à leur gestionnaire. Ce n'est pas un avantage ou un bénéfice. Les relations employé-gestionnaire solides constituent un facteur clé pour l'établissement de bons lieux de travail et pour la réalisation d'objectifs d'une entreprise, ce qui justifie l'attention que l'on porte sur l'établissement de relations de confiance entre les meilleurs gestionnaires au monde et leurs équipes.

Cependant, quel est l'intérêt d'un bon lieu de travail?

Les avantages des entreprises qui sont des bons lieux de travail

Les meilleurs lieux de travail au monde ont plus de succès que leurs homologues et les surpassent de manière constante dans tous les indicateurs de rendement, ce qui les rend dignes d'imitation.

Depuis près de trente ans, *Great Place To Work* étudie les avantages que retirent les entreprises qui créent des lieux de travail de confiance. Fortune Magazine publie d'ailleurs notre liste des 100 meilleurs employeurs. Des études annuelles portant sur six mille entreprises et représentant plus de dix millions d'employés dans quatre-vingts pays que les organisations avec une haute confiance attirent et retiennent leurs meilleurs talents, sont de meilleurs et de plus fréquents novateurs, offrent un service de meilleure qualité et produisent des résultats financiers supérieurs.

Great Place To Work collabore avec The Globe and Mail depuis 2008 dans le but de diffuser les résultats de ses recherches. Nos recherches s'appuient sur une analyse approfondie de la collaboration avec plus de 3000 entreprises et un demi-million d'employés à travers le pays. Nos recherches appuient les conclusions globales et mettent en évidence le rôle essentiel que joue un gestionnaire pour favoriser le succès de son équipe et de l'entreprise.

Des rendements financiers solides figurent parmi les avantages chez les entreprises de haute confiance. Les recherches prouvent que les entreprises ayant une culture de confiance élevée génèrent toujours des rendements supérieurs pour leurs investisseurs. Par exemple, la firme d'investissement indépendante FTSE Russell rapporte que le rendement boursier des entreprises détenues par le public d'un niveau élevé de confiance selon *Great Place To Work* et Fortune sur une période de 17 ans est supérieur de trois fois à la moyenne. Une étude, élaborée en 2019 par GPTW Canada, en partenariat avec ONU Femmes, a démontré que le quartile supérieur de Meilleurs lieux de travail affichait une satisfaction de la clientèle qui était supérieure de 30 % comparativement aux autres et une hausse annuelle 4 fois plus importante que les organisations du quartile le plus bas, tout en ayant un roulement de personnel 3,8 fois moins élevé.

Un projet de recherche d'une durée de 4 ans mené par Alex Edmans du London School of Business sur le Fortune 100 Best Companies To Work For a prouvé de manière irréfutable que le bien-être des employés précède des bilans financiers positifs. Autrement dit, s'occuper de ses employés mène à un bilan financier positif.

« Les 100 meilleurs employeurs aux États-Unis ont enregistré des rendements boursiers qui ont surpassé leurs homologues de deux ou trois pour cent par année sur une période de 26 ans, dit Edmans dans un TEDx Talk qui porte sur ce sujet. Les entreprises qui traitent bien leurs employés ont plus de succès, tout simplement. Ce facteur devrait changer la façon dont la direction pense à ses employés. »

Cela ramène la discussion à vous en tant que gestionnaire! Les preuves sont claires : traitez mieux votre équipe et elle obtiendra de meilleurs résultats. Les conclusions d'Edmans vous libèrent pour vous permettre d'être le gestionnaire décent et attentionné que vous souhaitez être, et il est enthousiaste à propos de ce que cela signifie : « En tant que gestionnaires, nous pouvons agir de manière responsable sans faire de calculs, sans nous attendre à quoi que ce soit en retour, de faire les choses pour leur valeur intrinsèque et non pour sa valeur instrumentale. Et même si des récompenses financières n'étaient pas la motivation pour agir de manière éthique, elles se manifestent généralement de toute façon et les récompenses de rendement s'ensuivent. »

LES AVANTAGES D'UN LIEU DE TRAVAIL AU NIVEAU ÉLEVÉ DE CONFIANCE POUR LES GESTIONNAIRES

Au cours de nos années de recherche chez *Great Place To Work*, nous avons appris que, même dans les organisations qui ne sont pas des lieux de travail particulièrement forts, les gestionnaires qui établissent des relations de confiance avec leurs employés et créent des expériences de travail positives obtiennent beaucoup plus en échange. Ces gestionnaires soulignent plusieurs façons dont ils sont plus aptes à réaliser leur travail lorsqu'ils bâtissent des relations de confiance avec leurs employés :

- *Leurs équipes peuvent concentrer toutes leurs énergies sur le fait d'atteindre les objectifs de l'entreprise.* Leurs employés ne subissent pas les distractions courantes dans les environnements au niveau de confiance faible, tels que les conflits internes, la communication faible ou le manque de clarté des objectifs.
- *Ils bénéficient du meilleur que chaque employé puisse offrir.* Quand les gens ont le sentiment de travailler dans un environnement sûr au point de vue émotionnel, un environnement qui protège leur bien-être et leur santé mentale, ils se sentent capables d'offrir leur meilleur et ils veulent contribuer au maximum de leurs capacités.

- *L'équipe devient plus que la somme de ses parties.* Lorsqu'ils sentent qu'on leur fait confiance et lorsqu'ils se font confiance entre eux, les employés finissent par considérer leurs collègues comme bien plus que de simples collaborateurs. Ils ont le sentiment d'appartement à quelque chose de plus grand qu'eux et emploient souvent les termes « équipe » ou « famille » pour décrire cette idée. Le sentiment que « nous travaillons tous ensemble » encourage les employés à penser autant au bien collectif des membres de l'équipe qu'à celui de l'organisation au lieu de se préoccuper uniquement de leurs intérêts individuels.

LES AVANTAGES DES EMPLOYÉS DE GESTIONNAIRES AU NIVEAU ÉLEVÉ DE CONFIANCE

Les gestionnaires ne sont pas les seuls à tirer profit des relations au niveau élevé de confiance avec leurs employés. Voici quelques-unes des récompenses dont les employés peuvent bénéficier dans un excellent lieu de travail :

- *Les employés s'intègrent bien et se sentent « chez soi ».* Les bons lieux de travail bénéficient d'une bonne réputation et attirent beaucoup plus de demandes d'emploi que leurs homologues. Ils comprennent également les attitudes et les valeurs des employés qui correspondent le mieux aux besoins de l'organisation.

Les bons lieux de travail bénéficient donc d'un triple avantage: ils savent ce qu'ils cherchent, ils peuvent choisir dans un plus large bassin de candidats intéressés et ils sont des experts quant à trouver la bonne personne pour chaque emploi. L'employé qui réussit le processus de sélection se sent bienvenu, se sent tout de suite chez soi et est prêt à réaliser d'excellentes choses.

- *Les employés se sentent respectés, appréciés et chéris.* Ayant trouvé les bonnes personnes, les bons lieux de travail offrent un environnement attentionné qui les accueille, les implique et les garde. Avec le soutien de leurs gestionnaires, les employés profitent d'un équilibre entre le travail et leur vie personnelle, se sentent à l'aise de prendre congé lorsque nécessaire et savent que leurs contributions uniques sont reconnues et appréciées.

- *Les employés trouvent un sens à leur travail et en retirent du plaisir.* Dans les bons lieux de travail, les employés jouissent d'un environnement créatif et novateur qui leur permet d'avoir un impact sur l'entreprise et même sur le monde qui les entoure. Les employés éprouvent du plaisir et de la satisfaction dans le travail qu'ils effectuent parce qu'ils sont conscients de leur contribution aux objectifs de leur équipe.

- *Les employés travaillent fort, mais ressentent moins de stress.* Les employés de bons lieux de travail rapportent qu'ils exercent plus de contrôle sur le moment et la manière de travailler, ainsi que le sentiment prononcé que leurs gestionnaires comprennent et sont sensibles au stress relié à leur travail. Les employés peuvent travailler fort, souvent avec des contraintes de temps et d'autres pressions, sans être excessivement stressés. Le travail acharné et le stress ne vont pas nécessairement de pair. Les bons gestionnaires comprennent cela.

• *Les employés occupent des emplois durables.* Les bons lieux de travail connaissent un meilleur succès financier et surpassent leurs homologues dans un large éventail de mesures de performance.

Leur puissance financière supérieure, leur collaboration avec des marques de renom et le niveau élevé de la fidélité de leur clientèle font en sorte que ces organisations sont plus résistantes que leurs concurrents en période difficile. Les organisations hautement fiables ont tendance à se sortir d'une crise plus rapidement et plus fortes qu'avant que les entreprises aux cultures moins respectueuses et moins collaboratives, ce qui offre un certain degré de protection contre les fluctuations du marché et les réductions salariales ou les licenciements qui en découlent. Tout le monde bénéficie de relations de travail au niveau élevé de confiance : les clients; les investisseurs et la société; votre organisation; vos employés et vous. Donc, comment pouvez-vous y contribuer? Comment pouvez-vous devenir un bon gestionnaire digne d'un niveau élevé de confiance?

LES RÈGLES DE CONFIANCE

Bob et Jose collaborent depuis plus de trente ans avec des cadres et des hauts dirigeants dans une grande variété d'organisations à travers le monde, et partagent les idées et les connaissances approfondies de *Great Place To Work* dans le but de les aider à développer leurs propres excellents lieux de travail. Nous nous sommes demandé pourquoi il y avait des zones de mécontentement, même dans les meilleurs lieux de travail; des équipes pour lesquelles le travail quotidien était très différent de leurs collègues ailleurs dans l'organisation. Nous avons réalisé que les programmes menés par la direction ou par les RH qui ont pour but d'améliorer la culture organisationnelle ont peu de poids si le gestionnaire n'est pas compétent. Bref, si votre gestionnaire est médiocre, votre lieu de travail le sera également, peu importe les bonnes intentions de la direction.

Nous avons donc cherché à comprendre ce que les meilleurs gestionnaires font bien et ce que les autres font mal. Nous avons soigneusement étudié le feedback de presque deux millions d'employés dans quatre-vingts pays afin de mieux comprendre comment les bons gestionnaires établissent la confiance et pour identifier les attitudes et les comportements de gestion qui affectent le plus l'expérience des employés au travail. Mis à part quelques variations mineures dues aux normes culturelles nationales, nous avons déterminé que les facteurs pris en considération par les employés lorsqu'ils déterminent s'ils font confiance ou non à leur boss sont semblables partout dans le monde, peuvent importe les différences de sexe, d'origine ethnique ou de leurs fonctions. En fin de compte, nous évaluons tous les mêmes facteurs (fiabilité, honnêteté et compétences) lorsque nous décidons d'accorder notre confiance, tout comme nos ancêtres l'ont fait pendant des dizaines de milliers d'années. Ça fait partie de la nature humaine.

C'est là que ce livre prend tout son sens. Nos recherches nous ont permis d'identifier les comportements et les attitudes essentiels à l'établissement de la confiance qui distinguent les meilleurs gestionnaires du monde de tous les autres. Ceux-ci constituent les seize règles qui, lorsqu'elles sont respectées, ont le plus grand impact positif sur vos employés et garantissent qu'ils vous perçoivent comme un gestionnaire fiable, honnête et compétent. La bonne nouvelle, c'est que les règles sont simples et étonnamment faciles à respecter, mais pourquoi se contenter de « bien » quand l'excellence est à votre portée?

Nous ne vous demandons pas d'être quelqu'un que vous n'êtes pas ou d'adopter des dizaines de nouvelles pratiques. Bien au contraire. Nous vous mettons plutôt au défi de penser à gérer votre équipe de façon différente. Continuez à faire la plupart des choses que vous faites déjà tout en les ajustant en fonction des règles. Si vous croyez qu'une suggestion est bonne, mais qu'elle ne correspond pas à votre style ou à la culture de votre équipe, adaptez-la de manière à ce qu'elle convienne à tous.

Certains pensent que pour mener une carrière réussie, il faut trouver le gestionnaire parfait et tenir bon. Ça serait bien, mais ce n'est pas comme cela que ça fonctionne. La clé de la réussite professionnelle ne consiste pas à trouver le gestionnaire parfait, mais à l'être. Autrement dit, chaque jour, concentrez-vous moins sur les lacunes perçues chez votre gestionnaire et davantage sur le fait de devenir le gestionnaire pour lequel vous souhaiteriez travailler.

Les Règles de confiance vous aidera à devenir le meilleur gestionnaire que vous puissiez être en vous munissant d'outils pratiques forgés par des données et des recherches éclairées dont se servent les meilleures gestionnaires du monde pour mettre en place les équipes qui constituent, ensemble, les meilleurs lieux de travail du monde. Prenez le temps d'intégrer ces comportements de confiance dans votre routine de gestion quotidienne et nous vous promettons que les résultats seront extraordinaires et déterminants pour votre carrière. Des dizaines de milliers de gestionnaires de premier plan dans le monde entier connaissent déjà la valeur des *Règles de confiance.*

Êtes-vous prêt à les rejoindre ? Très bien. Mettons-nous au travail.

RÈGLE n° 1

LA CONFIANCE D'ABORD

IMAGINEZ CE QUE VOTRE ÉQUIPE POURRAIT réaliser si vos employés apportaient tous leurs talents, leur imagination, leur énergie, leur expérience et leur savoir-faire au travail chaque jour. Pensez au potentiel illimité que vous libéreriez si chaque membre de votre équipe pouvait travailler à son plein potentiel et pouvait partager ses meilleures idées, sachant que vous les appréciez et les respectez en tant qu'individus uniques déterminés à laisser leur empreinte sur le monde. C'est la récompense lorsque vous faites confiance à votre équipe, mais seulement lorsque vous y faites complètement confiance.

Faire confiance aux autres est dangereux et risqué puisque cela vous rend vulnérable. Votre confiance peut être tenue pour acquis, mal employée, peu appréciée et exploitée. Vous pourriez sembler imprudent et naïf. Le résultat pourrait en être un travail de mauvaise qualité, des échéances ratées et des pertes de clients (dont vous êtes finalement responsable), ce qui entraîne une impression négative de votre gestion et vous et vous laisse à la merci des critiques de vos pairs et de vos supérieurs. Ou pire encore.

Il n'est donc pas difficile de comprendre pourquoi tant de gestionnaires ont traditionnellement tenté d'obtenir des résultats en ne faisant pas confiance à leurs employés, en leur disant ce qu'ils devaient faire plutôt que de leur permettre de prendre certaines décisions eux-mêmes. C'est un mantra familier qui s'efface heureusement avec le temps: l'inspiration de « votre travail consiste à faire ce que je dis », le réconfort de « vous feriez mieux de ne pas tout gâcher » et l'encouragement de « si vous n'avez pas de mes nouvelles, c'est que vous travaillez bien ».

Cette stratégie de « commandement et contrôle » ne laisse rien au hasard : aucune déception, aucun échec et aucune surprise. Mais cette approche présente un inconvénient majeur : elle ne laisse rien au hasard, ni déception, ni échec, ni surprise! En d'autres termes, vous obtenez exactement ce que vous demandez : des résultats moyens prévisibles, mais aucun effort discrétionnaire. Exactement ce que tout autre cadre moyen peut réaliser.

Il y a une autre raison pour laquelle tant de dirigeants hésitent à faire pleinement confiance à leurs employés : faire confiance aux autres nous rend vulnérables. Et la vulnérabilité peut être extrêmement inconfortable, en particulier pour ceux qui jouent un rôle de leader. Nous savons que nos équipes doivent être fortes, et nous supposons souvent que pour être forts, nous ne devons jamais montrer de faiblesse ou de vulnérabilité.

En tant que gestionnaire ce serait merveilleux si vous pouviez attendre que chaque membre de votre équipe se montre fiable, sincère et compétent, puis leur faire confiance. Mais cela ne fonctionne pas ainsi. Pour que la confiance s'installe, il faut que quelqu'un fasse le premier pas, donc c'est eux ou vous. Les employés n'ont guère de raison de prendre un risque quant à votre fiabilité et ils ne sont pas tous également enclins à faire confiance en général. Certains d'entre eux sont prêts à faire confiance rapidement, tandis que d'autres mettent plus de temps à se décider. Bien que l'opinion d'un employé sur vous soit évidemment importante dans sa décision de vous faire confiance, une partie de cette décision n'a rien à voir avec vous et tout à voir avec l'employé concerné.

Robert Hurley, professeur de gestion à l'université Fordham de New York, a identifié dix facteurs permettant de prédire si un individu choisira de faire confiance ou de se méfier d'un autre. Cinq des facteurs de Hurley méritent un examen plus approfondi ici.

Pour commencer, l'attitude d'un employé face au risque

a une grande influence sur sa volonté de vous faire confiance, ou de faire confiance à n'importe qui. Les personnes en quête de risques font rapidement confiance. Ils ne passent pas beaucoup de temps à comprendre ce qui pourrait mal tourner s'ils vous font confiance, car ils pensent que les choses vont probablement s'arranger. Mais les employés qui ont une aversion pour le risque hésiteront à vous faire confiance s'ils ne se sentent pas en contrôle. « Non seulement ils ne font pas confiance aux autres, » note Hurley, « mais ils ne se font même pas confiance à eux-mêmes ».

Le niveau d'adaptation d'un employé a également une incidence sur le temps qu'il lui faut pour établir la confiance. Les personnes bien ajustées ont tendance à faire rapidement confiance - elles sont à l'aise avec elles-mêmes et avec le monde qui les entoure, et ont tendance à croire que rien de mal ne leur arrivera. Un employé mal adapté, en revanche, a tendance à voir de nombreuses menaces dans le monde, aborde chaque situation avec un niveau d'anxiété sous-jacent et mettra plus de temps à vous faire confiance, quel que soit le bien que vous faites.

Le pouvoir relatif est le troisième facteur interne dans la décision d'un employé de faire confiance. Vous avez le pouvoir dans la relation avec chacun de vos employés. C'est comme ça. Il est relativement facile pour vous de faire confiance à vos employés car vous détenez toutes les cartes. Vous pouvez les sanctionner s'ils violent votre confiance. Mais quelles sont les options qui s'offrent aux employés si vous les trahissez? Ils n'ont pas le pouvoir de faire autre chose que de retirer leur confiance et de prendre la résolution d'être plus sages à l'avenir. Vos employés comprennent instinctivement cette vulnérabilité et seront donc moins à l'aise pour vous faire confiance.

Enfin, selon M. Hurley, le fait que vos employés vous ressemblent est aussi très important dans leur décision de vous faire confiance. Nous faisons tous plus rapidement confiance aux personnes avec lesquelles nous pouvons nous entendre, et nous nous entendons plus facilement avec des personnes « comme nous », des personnes qui partagent nos valeurs, nos intérêts et notre point de vue. Les personnes qui vous ressemblent sont donc plus susceptibles de vous faire confiance. Mais si vous trouvez peut-être plus facile de gagner la confiance d'une équipe construite à votre image, n'oubliez pas que la diversité présente un avantage important. McKinsey, la société mondiale de conseil en gestion, rapporte que les organisations dont la main-d'œuvre est diversifiée et inclusive bénéficient d'un rendement des capitaux propres supérieur de 53 % et de marges bénéficiaires supérieures de 14 % à celles des entreprises les moins diversifiées.

Ces cinq facteurs montrent à quel point il est difficile pour les employés de vous faire confiance et pourquoi il est peu probable qu'ils fassent le premier pas lorsqu'il s'agit d'établir une relation de confiance entre vous. Ils sont plus enclins à attendre et à prendre leur décision de faire confiance en fonction de vos performances sur plusieurs mois, voire plusieurs années. Mais vous n'avez pas ce luxe. Vous avez besoin de confiance si vous voulez libérer tout le potentiel de votre équipe. Alors, faites le premier pas. Cela ne vous rend pas faible. Votre véritable force réside dans le fait d'avoir le courage de faire preuve d'humilité, d'ouverture et de volonté de faire confiance en premier lieu.

Oui, il est risqué d'être le premier à accorder sa confiance; cela peut tourner terriblement mal. Mais pas si vous vous y prenez correctement. Les problèmes surgissent généralement lorsque vous accordez une confiance aveugle, ou lorsque vous faites confiance et espérez le meilleur, ce qu'on pourrait mieux décrire comme une confiance insensée. C'est le genre de confiance qui vous attirera des ennuis à chaque fois.

Imaginez que votre fils de dix-huit ans vous demande de l'aide pour apprendre à conduire. Vous lui faites confiance, et avec raison. C'est un adolescent responsable : il a travaillé à temps partiel pendant des années, s'occupe bien de ses frères et sœurs et a toujours travaillé dur à l'école. Vous lui jetez les clés en vous lui dites : « Prends ma voiture, fiston. Je te fais confiance pour comprendre comment tout cela fonctionne. Tu ne m'as jamais laissé tomber avant. Profites-en! » C'est une confiance aveugle et imprudente. Bien que votre fils ait prouvé qu'il était digne de confiance dans diverses situations, il n'a ni la formation ni les compétences nécessaires pour suggérer qu'on peut lui faire confiance avec votre voiture. Votre confiance est injuste envers lui, car elle le conduit à l'échec. Et c'est injuste envers vous pour la même raison.

Les Règles de confiance visent à étendre la confiance intelligente : la bonne quantité de confiance accordée à la bonne personne au bon moment. Par exemple, confier un grand projet à un employé enthousiaste et compétent, mais relativement nouveau. Partager des informations confidentielles sur les performances de l'entreprise avec vos employés. Permettre à un employé d'approuver les dépenses de ses collègues lorsque vous n'êtes pas au bureau. L'extension de la confiance intelligente est un processus progressif dans lequel le succès engendre le succès et les inévitables revers sont mineurs et contrôlés. Vous célébrez les succès, vous affrontez les revers et vous poursuivez votre route sans vous arrêter.

J'ai ouvert ce chapitre en vous invitant à imaginer ce que votre équipe pourrait réaliser si elle pouvait travailler à son plein potentiel. Cela peut sembler fantaisiste, mais c'est à la fois réaliste et réalisable lorsque vous avez pleinement confiance en vous pour faire confiance à votre équipe.

Les règles présentées dans le reste de ce livre offrent des conseils spécifiques sur la manière d'établir la confiance avec vos employés. La règle 1, cependant, est la plus importante : la confiance d'abord. Vous êtes gestionnaire. C'est vous qui décidez.

VIVRE AVEC INTÉGRITÉ

Vivre avec intégrité, c'est d'être fidèle à sa parole dans tout ce que l'on fait. Ça signifie que les gens peuvent se fier à ce que vous dites. C'est de faire la bonne chose, même si personne ne vous regarde et même si personne ne découvrira que vous faites la mauvaise chose. Ça signifie que vous représentez quelque chose même si vous risquez de tout perdre en cours de route. Bref, vivre avec intégrité révèle votre caractère véritable. Tel qu'énoncé par l'entraîneur de basketball légendaire John Wooden : « Soyez plus soucieux de votre caractère que de votre réputation parce que votre caractère reflète ce que vous êtes vraiment, alors que votre réputation est simplement ce que les autres croient que vous êtes. » Sur le lieu de travail, l'intégrité est importante puisque votre conduite avec les employés, les clients, les vendeurs et les fournisseurs reflète ce dont vous vous attendez en tant que comportement de leur part.

La plupart des gens ont un sens développé du bien et du mal et savent instinctivement quoi faire lorsqu'il s'agit d'un problème clair. Ils peuvent tout de même éprouver de la difficulté à confronter des cas plus ou moins tranchés ou plus limites. Votre équipe suivra votre exemple lorsqu'ils rencontreront de l'incertitude et des dilemmes moraux. Agissez avec la plus grande intégrité et vous inciterez votre équipe à faire pareil. En revanche, si vous sacrifiez votre intégrité pour des avantages commerciaux ou personnels, vous créez la possibilité pour les autres d'agir de la même façon. La « bonne chose à faire » est souvent la « chose difficile à faire » et donc, sans un leadership solide, certains employés peuvent succomber à la tentation de la facilité.

Bien entendu, ne faites pas « la bonne chose » simplement pour donner l'exemple ou parce que vos employés vous observent, mais plutôt pour démontrer qui vous êtes, ce en quoi vous croyez et les valeurs qui vous importent. Lorsque vous respectez vos valeurs, ce que vous dites et ce que vous êtes forment un tout. Même si vous supposez que vos employés feraient ce qu'il faut peu importe votre comportement, ils ne vous feront tout simplement pas confiance si vous ne respectez pas les normes éthiques les plus strictes. Ils jugeront votre comportement et votre attitude, et chacun se fera sa propre idée à savoir si vous êtes digne de confiance.

La confiance se rapporte à votre fiabilité. Cette dernière

est basée sur votre prévisibilité, c'est-à-dire la mesure avec laquelle on peut prévoir ce que vous ferez ou comment vous réagirez peu importe la situation. Lorsque vos employés savent que vous êtes une personne intègre, qui essaie toujours de faire ce qui est juste, vous devenez plus facile à prévoir et donc plus fiable. Bref, plus vous adhérez strictement à un ensemble de valeurs claires, plus vous devenez prévisible et fiable aux yeux de vos employés, et plus ils vous feront confiance.

Il n'est pas toujours facile d'agir avec intégrité au travail. Il peut y avoir des différences entre les gestes qu'une organisation trouve acceptables et ceux que vous trouvez personnellement acceptables. Tout comme nous développons chacun des valeurs et une morale qui restent constantes avec le temps, chaque organisation a ses propres normes et codes de comportement, sa propre culture et « la façon dont nous faisons les choses ici ».

Vous avez une « culture personnelle », vous aussi : ce que vous représentez et ce en quoi vous croyez. Quelle que soit la culture de l'organisation pour laquelle vous travaillez, restez fidèle à votre culture personnelle. Ce sont les violations de votre code personnel qui perturberont votre conscience, vous empêcheront de dormir la nuit et, en fin de compte, nuiront à votre réputation durement acquise. En d'autres termes, si chaque organisation a son propre objectif et sa propre compréhension de la manière d'atteindre cet objectif, il en va de même pour vous. Ne soyez jamais tenté de compromettre vos propres valeurs pour celles d'un employeur.

Voici quelques bonnes pratiques pour agir avec intégrité au travail :

* *Soyez ce que vous souhaitez que vos employés deviennent.* En d'autres termes, soyez juste dans vos décisions quotidiennes. N'inventez pas d'excuses, ne pointez pas du doigt et ne blâmez pas les autres.
* Soyez responsable de vos erreurs et de vos échecs.
* *Soyez honnête et faites preuve de conscience professionnelle dans tout ce que vous faites.* Parlez franchement, soyez cohérent et clair sur vos normes éthiques, exprimez-vous même lorsque vous êtes dans une situation difficile.
* *Veillez à ce que votre équipe respecte les normes les plus strictes en matière de comportement éthique.* Encouragez les gens à s'exprimer et à faire part de leurs préoccupations concernant des pratiques douteuses. Examinez les préoccupations d'ordre éthique avec votre équipe.
* *Gardez une attitude positive et respectueuse lorsque vous remettez en question le statu quo.* Si c'est vous qui avez raison, laissez la force de vos arguments convaincre les autres. Encouragez et aidez les autres à exprimer leurs opinions, en particulier lorsque leurs points de vue remettent en cause les vôtres. Gardez

l'esprit ouvert lorsque vous êtes confronté à des objections; même si vous croyez sincèrement avoir raison, vous pourriez tout simplement avoir tort.

- *Établissez un code de valeurs et de comportements propre à votre équipe et auquel chaque membre peut s'engager.* Fixez des normes pour les tâches de chacun des membres de votre personnel et responsabilisez-les. Si vous visez un standard élevé, ils y aspireront aussi.

Vivre avec intégrité demande du courage... Le courage de prendre la parole lorsque votre point de vue contredit celui d'un cadre ou de remettre en question le statu quo; le courage de refuser les occasions de gagner de l'argent qui sont suspectes d'un point de vue éthique; le courage d'être différent; et le courage de risquer une perte personnelle lorsque votre code personnel exige que vous preniez position. En revanche, vivre avec intégrité vaut le sacrifice. Se forger une bonne réputation prend des années, mais une mauvaise décision ou une décision irréfléchie peut la détruire en quelques secondes. Vous n'avez qu'une seule réputation. Rendez-la extraordinaire et faites en sorte qu'elle dure.

FACTEURS CLÉS

○ Vos valeurs sont non négociables. Si une décision ou un geste ne vous semble pas juste, ce ne l'est probablement pas. Ne faites pas de compromis et ne faites pas taire votre voix intérieure. Écoutez-la.

○ Si vous devez choisir entre les valeurs de l'organisation et les vôtres, défendez les vôtres. Le vrai succès repose sur le fait de vous connaître vous-même.

○ Lorsqu'il s'agit d'une question d'intégrité, agissez comme si le monde entier vous observait, puisqu'en fait, c'est le cas.

RÈGLE n° 3

TENEZ VOS PROMESSES

AVEZ-VOUS DÉJÀ ÉTÉ DANS UNE RELATION AVEC quelqu'un qui ne tient pas ses promesses? Si c'est le cas, je doute que vous décririez la relation comme bonne et je suis convaincu que vous ne prétendriez pas qu'elle était excellente. Pourquoi? Parce que personne ne peut faire confiance à quelqu'un qui n'est pas constant ou qui est imprévisible. Si vous ne pouvez pas vous fier à un individu, rien de valable n'est possible. Le fait qu'il soit parfois digne de confiance n'a pas de poids puisque c'est toujours précédé par de l'incertitude et souvent accompagné de la déception, comme un chien qui ne vous mord que de temps en temps.

Pourquoi y a-t-il donc tant de gestionnaires qui ne sont pas aussi fiables qu'ils le souhaiteraient? Pourquoi plusieurs d'entre eux ne font pas ce qu'ils disent? Parce que les promesses sont comme un bébé : faciles à faire, mais difficiles à tenir.

La plupart des gestionnaires tiennent leurs promesses importantes. Les employés s'attendent à être payés en totalité de manière ponctuelle et c'est généralement le cas. Si on leur promet une évaluation de rendement annuelle, cela se produit aussi, et lorsqu'une demande de congé est approuvée, ils peuvent habituellement prendre ce congé.

Le problème réside principalement dans les petites promesses, ou les promesses non tenues, plus précisément. Les promesses à peine remarquées, casual, du genre « je n'arrive pas à croire que tu considères cela comme une promesse ». Peu de gestionnaires cherchent à tromper leurs employés. Le problème est souvent que les gestionnaires et les employés ont des interprétations différentes de ce qu'est une promesse. Comme la beauté, la promesse réside dans l'œil de l'observateur. Qu'on le veuille ou non, c'est une promesse si votre employé l'interprète ainsi. La plupart d'entre nous font des promesses sans même s'en rendre compte, et parce que nous ne les considérons pas comme des promesses, il se peut que nous ne les tenions pas.

« Rencontrons-nous à 10 h » est une promesse. « Je demanderai à Michel de te former sur cette procédure » est une promesse.

« Je te donnerai une réponse dans 5 minutes » est une promesse. « Laisse-moi y réfléchir » est une promesse.

« J'en parlerai à mon boss et je te tiens au courant » est une promesse. « Je ferai en sorte que tu sois invité à notre rencontre hebdomadaire des comités d'entreprise » est une promesse.

Ce n'est pas un hasard si beaucoup de ces promesses impliquent le respect d'un délai ou que l'on prenne du temps pour les employés et leurs demandes. Les gestionnaires sont occupés et travaillent généralement sous pression, et ce dont nous avons le plus besoin, mais possédons le moins, est le temps. Ça demeure tout de même une réalité et non une excuse.

Comment faire pour vous assurer de tenir toutes vos promesses, petites et grosses? Napoléon Bonaparte avait raison quand il disait : « Le meilleur moyen de tenir sa parole est de ne jamais la donner. » Cela peut sembler cynique, mais si vous faites moins de promesses, vous y manquerez encore moins. Rappelez-vous qu'un commentaire désinvolte pourrait être interprété comme une promesse sérieuse et pris au pied de la lettre. Prenez donc le temps de réfléchir aux éléments suivants avant de faire une promesse :

- *Avant de faire une promesse, demandez-vous : « De quoi avons-nous réellement besoin dans cette situation? »* Nous faisons souvent trop des promesses en raison d'un désir sincère d'aider, de faire un effort supplémentaire. Nous nous engageons donc à donner une réponse « avant la fin de la journée », alors que « avant la fin de la semaine » aurait pu être tout aussi acceptable. Faites moins de promesses et produisez plus de résultats. C'est peut-être un cliché, mais ce n'est pas faux.

- *Soyez plus précis à propos de votre promesse.* Ne laissez aucune place au doute ou à l'ambiguïté sur ce à quoi vous vous engagez. Prenez le temps de confirmer la compréhension mutuelle de la promesse. Sinon, vous réussirez peut-être à tenir la promesse que vous aviez comprise, tout en donnant l'impression à votre interlocuteur que vous n'avez pas respecté la promesse à laquelle il s'attendait. Il pourra en être déçu et même avoir le sentiment qu'on l'a laissé tomber.

- *Prenez note de chaque promesse.* Il arrive de ne pas tenir certaines promesses parce qu'elles, dès le départ, n'étaient pas réalistes. On en brise d'autres à cause d'un changement de circonstances, tel qu'une maladie, une urgence ou d'autres imprévus. Cependant, nous les brisons souvent parce que nous oublions. Inscrivez vos engagements dans un agenda ou un calendrier ou tenez une liste distincte, ce qui vous convient le mieux. Dans tous les cas, écrivez-les tous toujours au même endroit et consultez votre liste régulièrement pour vous assurer que rien ne vous échappe.

Votre capacité à tenir les promesses repose parfois sur les engagements que les autres tiennent envers vous. Si vous n'êtes pas certain qu'ils tiendront leurs promesses dans leur intégralité et selon les délais prévus, tenez-en compte dans les engagements que vous prenez envers votre équipe. Vous ne pouvez que contrôler le respect de vos promesses. Vous pouvez tenter d'influencer vos collègues pour qu'ils tiennent les leurs, mais leurs échecs ne peuvent servir d'excuse pour vous, parce que votre équipe vous tiendra responsable pour les engagements que vous ne tenez pas, même quand ce n'est pas de votre faute.

En toutes circonstances, si vous ne pouvez réellement pas tenir une promesse, prévenez l'employé dès que possible. La plupart d'entre nous n'avons rien contre une promesse non tenue de temps à autre. Ce sont le silence, l'ignorance feinte et l'indifférence qui nous dérangent. Si vous n'avez honnêtement pas le choix de rompre un engagement, prévenez l'autre personne dès que possible. Si vous êtes habituellement fiable, elle vous accordera le bénéfice du doute et le considérera comme un engagement reporté et non comme une promesse non tenue. Si vous avez dû rompre une promesse, réfléchissez-y avant de prendre un nouvel engagement afin de vous rattraper... et si vous brisez cette promesse, ce sera à vos propres risques et périls. Nous finissons tous par réaliser qu'une promesse est aussi fiable que la personne qui la fait et que personne ne peut faire confiance à quelqu'un qui n'est pas fiable. C'est tout simplement comme ça.

FACTEURS CLÉS

○ Réfléchissez avant de faire une promesse. Faites moins de promesses dans le but d'en briser moins. Un simple « non » aujourd'hui est mieux qu'une longue excuse demain.

○ Soyez précis dans votre promesse. Assurez-vous que chacun comprend votre engagement.

○ Si vous n'avez d'autre choix que de rompre une promesse, prévenez les gens concernés dès que possible.

RÈGLE n° 4

Soyez accessible et facile d'approche

L A QUALITÉ DES RELATIONS DANS TOUS LES lieux de travail est déterminée par la façon dont les gens impliqués peuvent communiquer entre eux. La communication est l'acte de transmettre de l'information, des idées ou des pensées d'une personne à une autre. C'est également le processus grâce auquel nous parvenons à des ententes les uns avec les autres. Lorsque nous disons que nous bénéficions d'une « bonne communication » entre nous, nous voulons dire, a priori, que nous sommes compétents en matière d'échange d'information, d'idées et de pensées. Ce que nous voulons vraiment dire, ce n'est pas tant que nous comprenons les mots que l'autre personne emploie, mais que nous nous « comprenons » mutuellement. Donc, lorsque nous parlons de la qualité de la communication bidirectionnelle au travail, nous parlons de la capacité avec laquelle les gens comprennent le sujet et saisissent ce que les autres veulent dire.

La communication bidirectionnelle efficace se trouve au cœur d'un lieu de travail ayant un niveau élevé de confiance. Presque tous les aspects de toute relation prospèrent lorsqu'il y a une bonne communication, tandis que tout devient plus compliqué et parfois impossible quand elle est mauvaise. De nombreux problèmes qui semblent, à première vue, parvenir d'ailleurs sont enracinés dans la mauvaise communication. Par exemple, lorsque les employés se plaignent de promotions injustes, d'augmentations salariales décevantes, de répartitions de tâches déraisonnables ou de toute autre chose « inéquitable », il est presque inévitable que la cause première du problème - et donc, le vrai problème - soit une mauvaise communication.

La clé pour une communication bidirectionnelle efficace entre chacun de vos employés et vous, c'est d'être facile à aborder. Vous créez déjà les possibilités de jaser avec votre équipe par l'entremise de rencontres d'équipe ou de rencontres informelles et individuelles. Ses occasions sont précieuses et importantes, mais c'est vous qui les contrôlez et qui décidez de ce qui sera discuté. Puisque les conversations initiées par vos employés ont une dynamique différente, ces derniers doivent se sentir à l'aise de vous aborder et doivent être certains que s'ils vous parlent de quelque chose d'important, vous leur accorderez le temps et l'attention dont ils ont besoin.

Quand vos employés trouvent que vous êtes abordable et convivial, ils sont plus susceptibles d'initier une discussion avec vous. Les conversations décontractées qui en découlent vous aident à développer une proximité qui va au-delà de l'entente « gestionnaire-employé », qui s'agit d'un attribut distinctif clé d'une relation au niveau élevé de confiance au travail. Votre accessibilité n'aide pas que vos employés : puisque vous ne pouvez pas être partout, vous avez besoin des membres de votre équipe en tant qu'oreilles et d'yeux et ils doivent comprendre qu'ils peuvent signaler les problèmes mineurs avant qu'ils n'en deviennent des majeurs. Si vous êtes difficile à aborder, le risque que les employés vous laissent dans l'ignorance si les choses tournent mal est plus élevé; ils ne vous en informeront que lorsque le problème aura déjà pris de l'ampleur.

Comme la plupart des gestionnaires, vous prétendez probablement avoir une politique de la porte ouverte pour encourager les employés de vous approcher n'importe quand (je n'ai pas encore entendu un gestionnaire se vanter d'une politique de la porte fermée). Pourtant, malgré la prévalence des politiques de la porte ouverte et de la disponibilité qu'elles signalent, les employés se plaignent constamment qu'il est difficile de parler à leurs supérieurs. Que se passe-t-il? L'accès est moins une question de porte ouverte que d'esprit ouvert. Vous êtes probablement beaucoup moins disponible pour votre équipe que vous ne le croyez car, que vous dites à vos employés que vous êtes abordable ou que vous gardiez votre porte ouverte, vous faites preuve d'indisponibilité à travers votre langage corporel et vos gestes. Si vous paraissez toujours occupé et que vous courez d'une réunion à l'autre, ou lorsque vous faites une grimace subtile quand un employé vous demande de lui accorder une minute de votre temps, votre langage corporel envoie un message clair : je n'ai pas de temps à vous consacrer. Quand vous parcourez vos courriels rapidement en assistant à la présentation d'un employé ou en « écoutant » une question, votre caractère multitâche suggère que vous ne vous intéressez pas vraiment à ce que l'employé communique.

Votre attention pleine et entière est essentielle pour réussir une conversation. Que ressentez-vous lorsqu'un collègue ne cesse de jeter un coup d'œil à son écran ou par-dessus votre épaule alors que vous lui demandez conseil sur une question délicate? Avez-vous le sentiment qu'il se soucie de vous ou qu'il est intéressé et qu'il veut vous aider? Peu probable! Si vous n'accordez pas une attention pleine et entière à votre employé, le message est le suivant : « J'ai des choses importantes à gérer en ce moment et vous n'êtes pas l'une d'entre elles. »

Si un employé vous aborde et que « maintenant » n'est

pas un moment propice, proposez-lui un moment plus opportun pour discuter. Sinon, installez-vous confortablement, relaxez et appréciez la conversation. Le message que vous devriez transmettre est le suivant : « Je ne préférerais rien d'autre en ce moment que de discuter avec vous. » Accorder votre attention pleine et entière aux employés lorsqu'ils demandent de vous parler crée une situation gagnante pour tous. Vous entendez donc ce que votre employé veut dire, l'employé se sent écouté et vous vous sentez tous les deux en confiance.

Être approchable, ce n'est pas de rester assis sur son trône pour recevoir ses employés. Il faut que les employés se sentent suffisamment à l'aise pour vous approcher et pour entamer une conversation n'importe où. Pour être vraiment accessible, n'attendez pas que vos employés vous cherchent; allez plutôt vers eux.

Une démarche populaire qui ne semble pas très scientifique est la « gestion itinérante », ou MBWA, un style de gestion dans lequel les gestionnaires se déplacent de manière aléatoire et non planifiée dans l'organisation afin d'être au courant de ce qui se passe dans l'entreprise et de prendre le pouls des personnes responsables du succès de l'entreprise. Que les membres de votre équipe se retrouvent à un ou à plusieurs emplacements, rendez-vous sur place pour mieux comprendre et pour mieux agir face à leurs problèmes, leurs idées et leurs préoccupations. Voici comment procéder:

- *Réservez du temps pour sortir de votre bureau sur une base régulière et pour vous promener dans votre département.* Avez-vous vraiment besoin d'un bureau? Pourriez-vous avoir un bureau sur le même étage que tous les autres? Ou, si vous êtes responsable de personnes situées dans plusieurs endroits, pouvez-vous vous installer dans chacun de ses endroits, et ce, à différents moments?

- *Soyez disponible pour des discussions imprévues.* En vous baladant, soyez prêt à écouter, à répondre honnêtement aux questions et à poser des questions intelligentes qui vous aideront à mieux comprendre votre équipe.

- *Créez des occasions de bavarder lors des repas.* Organisez régulièrement des déjeuners ou des dîners de travail avec de petits groupes d'employés. Certains gestionnaires organisent des dîners open mic pendant lesquels ils précisent qu'aucune question n'est interdite. En attendant que les employés soient suffisamment confiants pour adhérer pleinement à ce concept, posez quelques questions de votre cru, telles que « Qu'est-ce qui m'empêche de dormir la nuit? » ou encore « Quelles sont les plus grandes menaces que nous confrontons actuellement? », afin de créer une ambiance favorisant la franchise et l'ouverture.

La politique de la porte ouverte et la gestion itinérante (MBWA) ont un point commun : un gestionnaire accessible et convivial. Cependant, le fait d'être accessible implique qu'il faut se sentir à l'aise de discuter avec ses employés et ses collègues. C'est facile pour certains gestionnaires, tandis que pour d'autres, c'est l'une des choses plus difficiles à faire jour après jour. Par exemple, discuter avec les autres est généralement inné pour les extravertis, tandis que les introvertis doivent se démener réduire l'écart entre la bonne volonté et la bonne communication.

De toute évidence, la plupart d'entre nous ne sont pas complètement extravertis ni totalement introvertis, mais plutôt un mélange des deux. Peu importe votre position sur l'échelle, employez vos forces et gérez vos faiblesses afin de devenir le meilleur communicateur bidirectionnel possible tout en restant relativement à l'aise et complètement authentique. Si vous vous sentez mal à l'aise ou si vous éprouvez des difficultés à dialoguer avec vos employés, voici quelques techniques simples pour vous aider à améliorer vos conversations :

- *Souriez*. Rien de mieux qu'un sourire sincère pour encourager l'ouverture et l'accessibilité. Un sourire vaut mille mots.
- *Partagez*. Partager de l'information ou des histoires permet souvent aux autres de vous voir comme quelqu'un d'accessible et facilite l'établissement de la confiance et des relations. De petites miettes de votre vie à l'extérieur du travail suffiront; vous n'avez pas à

partager vos secrets de famille.

- *Surveillez votre communication non verbale.* Les gestionnaires timides semblent parfois désintéressés ou distraits de par le manque de preuve d'écoute. Pratiquez vos indices d'écoute non verbaux. Il ne suffit pas d'écouter; on doit voir votre écoute. Hochez la tête en signe d'accord. Maintenez un contact visuel. Posez des questions et vérifiez la compréhension.

- *Gérez votre ratio « parole/écoute ».* Ce ratio représente le temps que vous passez à parler dans une conversation par rapport au temps que vous passez à écouter. Par exemple, lorsque vous présentez votre vision de l'avenir pour l'équipe, votre ratio sera élevé; vous serez celui qui parlera le plus, sinon la totalité, du temps de parole. Par contre, si un employé a besoin de conseils sur un sujet qui le préoccupe, votre ratio devrait être beaucoup plus faible, car vous devriez être très à l'écoute. Si vous êtes reconnu comme un bavard et que vous occupez environ 80 % d'une discussion de façon générale, vous obtiendriez de meilleurs résultats si vous ne parliez que 60 % du temps et si vous écoutiez 40 % du temps au lieu de 20. Parlez moins. Écoutez plus.

- *Parlez lorsqu'ils écoutent.* Jeff Shore, auteur et expert en ventes, conseille de présumer que vous avez l'écoute de l'autre personne « pendant trente secondes au maximum sans que celle-ci n'intervienne ». Selon Shore, « c'est à ce moment que vous vous retrouvez dans la zone du "feu vert". De trente à soixante secondes, vous êtes dans la zone du "feu jaune" : soit qu'ils écoutent, soit qu'ils n'écoutent pas. Parlez pendant plus de soixante secondes sans intervention et vous êtes dans la zone du "feu rouge" : vous les avez perdus. »

Nous vivons dans un monde occupé et il n'y a jamais assez d'heures dans une journée pour réaliser tout ce que nous voulions accomplir. Aussi tentant que cela puisse paraître « d'être efficace » en gardant la tête baissée et nos portes fermées, en étant multitâche quand on parle aux autres ou encore en se précipitant dans une conversation. Si vous voulez vraiment être efficace et gagner du temps, soyez accessible à vos atouts les plus précieux — vos employés — et faites en sorte qu'il soit facile pour eux de vous parler. Par-dessus tout: soyez à l'écoute.

FACTEURS CLÉS

○ Soyez complètement attentif lorsque vous interagissez avec vos employés.

○ Éloignez-vous de votre bureau et jasez avec votre équipe tous les jours.

○ Soyez authentique dans votre style de communication. Votre personnalité est une caractéristique et non une excuse. Il n'y a aucun type de personnalité qui ne sait comment communiquer efficacement avec les autres.

DONNEZ DES RÉPONSES DIRECTES

DONNEZ DES RÉPONSES CLAIRES ET COMPLÈTES à vos employés. Cela leur évite de devoir déchiffrer vos réponses pour comprendre ce que vous dites vraiment et les libèrent pour qu'ils puissent se concentrer sur leur travail. Même si vous devez partager de l'information qui ne leur plaira pas, il est toujours mieux d'être franc que d'être évasif ou que de chercher à gagner du temps. Votre équipe — souvent sans qu'elle ne s'en rende compte — évalue constamment si ce que vous dites correspond à ce que vous faites. En donnant des réponses franches, vous montrez que vous attachez une grande importance à l'honnêteté et à la franchise, et vous les incitez à faire de même.

Parler franchement demande du courage, et cela explique peut-être pourquoi nous sommes parfois évasifs ou peu enclins à dire la vérité. Pourquoi avons-nous parfois du mal à être directs et francs? Souvent, nous ne voulons pas décevoir nos employés avec des mauvaises nouvelles. Même si cette réticence est compréhensible, elle est généralement nocive. Lorsque vous expliquez les raisons derrière une décision qu'ils n'apprécient pas, vos employés la comprendront au moins et repartiront avec le sentiment que vous traitez tout le monde de manière équitable.

Certains gestionnaires se sentent mal à l'aise de donner autre chose qu'un feedback positif et c'est pourquoi ils mentent parfois en soulignant le positif et en minimisant le négatif dans l'espoir d'épargner les sentiments de leurs employés. Bien que le tact soit certainement nécessaire pour offrir un feedback constructif, il est essentiel que les employés apprennent la vérité, ou une partie suffisante de la vérité, pour s'améliorer à l'avenir.

Parfois, les gestionnaires cherchent à gagner du temps. Confrontés à une situation troublante ou incertaine qui pourrait nuire à leur équipe, ils n'en parlent pas ou peu en espérant que les circonstances s'améliorent. Une telle ambiguïté ou un tel silence absolu nuit à la confiance et peut coûter cher à long terme. Pour maintenir la confiance, communiquez les nouvelles positives et négatives avec la même rapidité et la même honnêteté.

La connaissance est en elle-même puissante. Par exemple, lorsque vous savez comment faire quelque chose que personne d'autre ne sait faire, ou lorsque vous savez quelque chose que personne d'autre ne sait, vous avez du pouvoir. C'est la raison pour laquelle les gestionnaires dans les lieux de travail où la confiance est faible gardent souvent soigneusement les informations dont ils disposent. Ils croient aussi que cela protège leur poste et leur donne un avantage. En réalité, c'est rarement le cas. L'accumulation compulsive de l'information est rarement bénéfique, car le meilleur moyen de tirer profit de l'information que nous détenons est presque toujours de la partager généreusement.

Partagez des informations concernant un problème avec votre équipe et vous pourriez obtenir des suggestions ou des solutions possibles. Parlez aux employés des faibles performances de l'ensemble de l'organisation ou d'un environnement commercial décourageant, et vos employés comprendront ce qui se passe à l'extérieur de votre service et ne seront donc pas pris par surprise. Parfois, les gestionnaires cachent parfois les bonnes nouvelles financières par peur que les employés ne s'en servent pour en tirer un avantage. Par exemple, si l'entreprise a obtenu des résultats exceptionnels l'année précédente, vous pourriez craindre que les employés demandent des augmentations salariales ou des primes, mais si les salaires sont équitables et que vous offrez une explication raisonnable sur les intentions financières de l'organisation, les employés au niveau élevé de confiance comprendront.

Parfois, les gestionnaires vont restreindre l'information qu'ils partagent avec leurs employés par crainte de ce qui se passerait si elle était « diffusée » dans les médias. Il peut s'agir d'une préoccupation légitime seulement si l'information est commercialement délicate. Par contre, si l'information dépeint l'organisation sous un mauvais jour, plutôt que de se demander : « Comment pourrais-je éviter que les médias n'en parlent? », le gestionnaire ne devrait-il pas se demander « Pourquoi faisons-nous quelque chose que nous ne voulons pas que le public sache? »

Un gestionnaire de confiance donne toujours des réponses directes. Par contre, notez que la franchise avec vos employés n'est pas toujours l'équivalent de leur donner les informations qu'ils demandent. Il existe de nombreuses circonstances dans lesquelles vous pouvez choisir de ne pas le faire ou qui vous en empêchent : lorsque la réponse exige de révéler des renseignements financiers délicats; lorsque les renseignements sont d'ordre personnel ou professionnel à propos d'un employé ou de vous-même; des renseignements qui, franchement, ne regardent personne d'autre.

Inévitablement, il y aura des moments où vous ne serez

pas libre de partager les informations dont vous disposez et, évidemment, à ces moments-là, vous devrez respecter la confiance que les autres vous ont accordée et garder ces informations confidentielles, quels que soient les difficultés ou le malaise que vous ressentez. Mais ne laissez pas le secret être votre position par défaut. Soyez ouvert d'esprit et gardez les renseignements secrets seulement lorsqu'on vous le précise, qu'on vous le demande ou lorsque c'est la chose la plus sensée à faire.

Si vous ne connaissez pas la réponse à une question ou si vous ne pouvez pas divulguer certaines informations, dites-le et expliquez-le un peu plus en détail pour ne pas laisser les employés dans l'ignorance totale. Par exemple, dites : « Je n'ai pas cette information, mais je vais la trouver et la partager avec vous » ou « J'ai cette information, mais je ne peux pas la partager avec vous pour le moment parce que… ». Vous êtes un gestionnaire et non un politicien. Partagez donc ce que vous savez et ce que l'on vous permet de partager au lieu de faire ce avec quoi vous croyez pouvoir vous en tirer.

C'est bien de donner une réponse lorsqu'on vous la demande, mais c'est encore mieux d'offrir cette information sans attendre qu'elle vous soit demandée. Communiquez de façon proactive. Les gestionnaires de haute confiance sont généreux lorsqu'il est question de ce qu'ils partagent et quand ils le font. Tenez votre équipe informée des questions et des changements importants. Mettez-les souvent à jour pour qu'ils reçoivent des informations sur les questions qui affectent leur emploi ainsi que l'entreprise.

Par contre, assurez-vous de ne pas surcharger votre équipe avec trop de renseignements. Visez l'équilibre entre trop et pas assez. Si vous partagez trop peu, vous risquez de faire croire qu'il se passe quelque chose. Partagez trop et vous risquez de créer de la confusion. Plus important encore, vous pouvez amener les gens à se désengager. S'il est trop difficile d'analyser les renseignements qui leur sont communiqués, beaucoup de gens ne s'en préoccupent pas, ce qui signifie que les choses importantes sont enterrées parmi les détails insignifiants. Comment trouver le bon niveau, alors? Écoutez votre équipe; ils vous diront comment vous vous en sortez.

Parfois, ce que vous laissez de côté est plus important que ce que vous partagez. Par exemple, un groupe d'employés d'une grande entreprise a entendu des rumeurs selon lesquelles une de leurs succursales allait bientôt fermer, mais leur gestionnaire leur a dit que ce n'était pas vrai du tout. Quelques semaines plus tard, les employés ont été étonnés d'apprendre que la succursale, tout en restant ouverte, cesserait d'offrir une gamme complète de services et que deux tiers des employés de la succursale perdraient leur emploi.

Lorsqu'il a été confronté, le gestionnaire a justifié sa déclaration précédente : il avait dit à ses employés, en toute honnêteté, que la succursale ne fermerait pas! S'il est vrai que les employés n'ont pas posé « la bonne question » — à savoir si l'entreprise prévoyait de réduire les activités de cette succursale et le nombre d'emplois qui seraient perdus — un gestionnaire de confiance n'essaiera jamais d'excuser la non-divulgation d'informations en raison de la façon dont une question est formulée. Qu'il s'agisse d'un simple mensonge ou d'un mensonge par omission (en omettant une information importante), cela reste un mensonge. Si vous en savez plus que ce que vous pouvez partager, indiquez-le-leur. Le franc-parler concerne autant les informations que vous donnez volontairement sans qu'on vous le demande que ce que vous offrez lorsqu'on vous le demande.

FACTEURS CLÉS

○ N'attendez pas à ce qu'on vous le demande. Communiquez de façon proactive.

○ Ce n'est pas seulement ce que vous dites qui compte; ce que vous ne dites pas est également important. Créer une impression trompeuse en omettant délibérément des informations pertinentes, c'est tout simplement mentir sous un autre nom, et les deux ont la même conséquence sur la confiance.

○ Soyez clair et généreux par rapport aux renseignements que vous partagez. La confiance sans vérité n'existe pas.

RÈGLE n° 6

RECHERCHEZ DES SUGGESTIONS ET DES IDÉES ET RÉPONDEZ-Y

SELON THE IDEA-DRIVEN ORGANIZATION des professeurs Alan Robinson et Dean Schroeder, environ 80 % du potentiel d'amélioration d'une organisation réside dans la collecte d'idées novatrices auprès des travailleurs de première ligne. Ce n'est aucunement surprenant. Les employés observent ce qui fonctionne bien et ce qui peut être amélioré. Ils constatent directement les frustrations que ressentent leurs clients. Ils sont témoins des occasions perdues et du gaspillage d'efforts, de ressources et d'argent. En tant que véritables spécialistes de leur métier, leurs suggestions sont souvent précieuses et peuvent améliorer l'efficacité, l'économie d'argent, le service à la clientèle et stimuler la productivité. Plusieurs employés souhaitent que quelqu'un s'intéresse à leurs idées. D'autres ont arrêté de s'en soucier il y a longtemps.

De nombreuses entreprises ont mis en place des programmes de suggestions qui encouragent les employés à faire part de leurs conseils, mais malheureusement, un grand nombre de ces programmes ne conviennent à personne.

Alors, pourquoi les programmes de suggestions sont-ils un échec? Certains demandent trop de renseignements aux employés pour appuyer leur suggestion ou leur idée. Les employés peuvent être invités à exprimer leur idée de manière exagérément détaillée, ou à fournir des renseignements techniques ou financiers complémentaires auxquels ils n'ont pas accès. D'autres programmes ne permettent pas aux employés de signaler un problème ou de donner leur avis sur une question, sauf s'ils apportent également une solution, ce qui signifie que de nombreux problèmes ne sont pas signalés malgré la possibilité qu'un autre employé ou une autre équipe puisse détenir la réponse. Finalement, certains programmes échouent parce qu'ils n'excitent ou n'intéressent pas les employés.

Les gestionnaires sont également souvent réticents à demander l'avis de leurs employés parce qu'ils ne savent pas comment traiter et donner un sens aux renseignements qu'ils pourraient obtenir; ils craignent de décevoir l'employé qui a donné son avis si leurs idées sont remises en question.

En général, la disparition des programmes de suggestions a tendance à suivre un pattern prévisible. À la base, il y a l'incapacité de la direction à reconnaître, à prendre en considération et à agir en fonction des idées des employés.

De prime abord, les employés soumettent leurs idées avec enthousiasme puisqu'ils sont heureux de se faire consulter. Bien que l'organisation puisse mettre en œuvre quelques suggestions, la plupart sont ignorées, ce qui pousse de nombreux employés à vouloir garder leur prochaine grande idée pour eux. Pire encore, ils se désengagent. Ils cessent de se soucier des problèmes récurrents ou des occasions perdues qu'ils auraient pu souligner auparavant, en se disant « ce n'est pas mon problème » ou « si la direction veut savoir, elle me le demandera »

Il n'est pas difficile de comprendre pourquoi un gestionnaire pourrait choisir d'ignorer une suggestion ou une idée et espérer qu'elle disparaîtra. Certaines suggestions sont peu pratiques ou inapplicables, tandis que d'autres peuvent être décrites comme « mal réfléchies ». Je comprends qu'un gestionnaire occupé puisse être tenté d'enterrer la pile de suggestions au fond d'un classeur au lieu de prendre le temps de les explorer davantage avec l'employé ou de donner du feedback direct et honnête en expliquant pourquoi la suggestion ne peut pas être mise en œuvre. Par contre, ce n'est pas la solution.

Voici comment éviter ce scénario : avant d'approcher les employés afin d'obtenir leur avis, réfléchissez à ce que vous voulez apprendre d'eux. La qualité de la question que vous poserez déterminera la qualité de la réponse que vous obtiendrez. Utilisez des questions à réponses ouvertes pour obtenir des réponses réfléchies. Concentrez les objectifs des employés sur un défi important (par exemple, comment réduire les coûts d'expédition internationale) ou demandez des informations sur un problème spécifique (par exemple, des pénuries de stock récurrentes). Ne demandez que le minimum de renseignements nécessaires pour communiquer leurs idées ou leurs suggestions. Si une idée vous intrigue, vous pouvez toujours revenir en arrière et demander plus de détails. Accueillez les renseignements portant sur les problèmes que constatent les employés sur le lieu de travail, même lorsqu'aucune solution n'est apparente. Le simple fait de savoir qu'un problème existe vous rapproche d'une solution.

Impliquez votre équipe, que ce soit individuellement ou en petits groupes, et invitez-les à partager leurs suggestions sur la manière dont les choses pourraient être mieux faites. Proposez plusieurs façons d'y contribuer pour que chaque employé puisse utiliser le moyen qui lui convient le mieux. Certains seront ravis de vous faire part de leurs idées en personne, tandis que d'autres préféreront la distance qu'offre le courriel. Si les employés font déjà des suggestions lors des réunions et pendant les échanges quotidiens, gardez ce qui fonctionne plutôt que de lancer ou d'essayer de ressusciter un programme plus formel de suggestions des employés.

Si d'autres gestionnaires ont essayé et échoué avec des initiatives similaires de suggestions des employés dans le passé, ne l'ignorez pas. Expliquez à vos employés que vous voulez puiser dans leurs connaissances expertes, reconnaissez les échecs passés et demandez comment ils souhaiteraient partager leurs idées et leur avis à l'avenir.

Poser des questions est facile. C'est faire le suivi qui est difficile. Ne demandez pas l'avis de vos employés si vous ne voulez pas savoir ce qu'ils pensent. Ne demandez pas, à moins que vous ne vous engagiez pleinement à répondre à leurs suggestions et à leur faire savoir comment vous comptez vous servir de leur contribution. Sinon, vous ne ferez que démoraliser l'équipe, qui regrettera de ne pas avoir gardé ses idées pour elle. Promettez que lorsque vous ne pouvez pas mettre en œuvre une suggestion, vous leur ferez toujours savoir pourquoi. Même si une idée est impraticable ou irréalisable, votre équipe respectera votre franc-parler et vos commentaires honnêtes.

En poursuivant activement leurs suggestions et leurs idées, vous renforcerez le sentiment de confiance et de collaboration sur votre lieu de travail.

FACTEURS CLÉS

○ Si vous voulez d'excellentes réponses, posez d'excellentes questions. Les questions à réponses ouvertes produisent des réponses réfléchies, contrairement aux questions fermées.

○ N'attendez pas que l'inspiration se manifeste. Encouragez les employés à formuler des solutions et des idées par le biais de brainstorming, et offrez-leur la possibilité de développer leurs meilleures idées.

○ Donnez votre feedback sur chaque suggestion offerte, aussi étrange qu'elle puisse être. Soyez constructif, sincère et sensible.

RÈGLE nº 7

FAITES PARTICIPER LES GENS DANS LES DÉCISIONS QUI LES AFFECTENT

L E CHANGEMENT EST INÉVITABLE DANS TOUTES les entreprises et dans tous les secteurs d'activité, et peut s'avérer difficile pour ceux qui en sont affectés. Souvent, ce n'est pas le changement lui-même qui dérange les gens, mais le manque perçu de contrôle ou d'influence sur les événements qui en résultent. Les gestionnaires de confiance le comprennent et créent des occasions pour les employés de prendre part au processus de prise de décision sur des questions qui affectent leur emploi ou leur lieu de travail. Les employés qui sont impliqués de cette manière développent une meilleure compréhension des raisons pour lesquelles les décisions sont prises et une appréciation de la responsabilité qui va de pair avec la prise de ces décisions. Ils développent un sentiment renforcé de contrôle de leur travail et un sens des responsabilités pour la mise en œuvre réussie des changements, car ils ont été étroitement impliqués dans leur élaboration.

Il devrait presque toujours être possible de permettre aux employés d'avoir, dans une certaine mesure, leur mot à dire dans les décisions qui les concernent. Malheureusement, il semble que cela n'arrive que rarement, ce qui est surprenant. Les employés possèdent la meilleure connaissance de ce qu'implique leur travail et ont donc tendance à avoir de bonnes idées sur la manière de corriger ou d'améliorer les processus ou les problèmes qui s'y rapportent. Solliciter la participation des employés aux grandes décisions qui les concernent est une démarche judicieuse sur le plan commercial, mais c'est aussi bon et respectueux de le faire.

Par exemple, les bons lieux de travail ne sont pas à l'abri des ralentissements économiques et plusieurs ont dû réduire leurs salaires ou procéder à des licenciements à un moment donné dans le passé. Ces ralentissements économiques sont des périodes d'incertitude inhabituelle : les circonstances peuvent changer tous les jours ou toutes les heures, les gestionnaires disposent souvent de peu d'information mais sont supposés détenir toutes les réponses et un sentiment général de désarroi peut s'installer sur le lieu de travail.

J'ai eu le privilège de travailler en étroite collaboration

avec de nombreuses organisations de premier plan qui ont traversé des périodes éprouvantes et ce fut fascinant de voir comment elles ont réagi pendant ces moments difficiles. Par exemple, face à la décision de réduire les salaires ou de procéder à des licenciements, plutôt que de se cacher ou de plaider l'ignorance, les gestionnaires de confiance de ces bons lieux de travail ont impliqué leurs employés dès le départ.

Ils ont partagé ce qu'ils savaient et ont été honnêtes sur ce qu'ils ne savaient pas. Ils ont expliqué les difficultés et les défis de la situation en toute franchise, et ont cherché à obtenir des avis et des solutions possibles de la part de leur équipe. Par conséquent, les employés ne les ont pas laissé tomber. Certains ont suggéré des réductions d'heures de travail afin d'éviter tout licenciement. D'autres équipes ont suggéré des réductions salariales pour diminuer les coûts. De nombreuses organisations ont réussi à réduire les coûts sans réduire le nombre d'employés ou la masse salariale grâce à une panoplie d'initiatives menées par les employés.

Comme le démontrent ces exemples, la volonté des employés de coopérer avec leurs supérieurs pour aboutir à des solutions acceptables est le résultat direct du respect dont ils ont fait l'objet par le passé. Imaginez qu'il s'agit d'un réservoir de confiance que la direction et les employés peuvent remplir et dans lequel ils peuvent puiser à différents moments. Plus le réservoir est profond, plus vous êtes en mesure de tirer profit de la confiance accumulée en cas de besoin.

Donc, la prochaine fois qu'un changement ou une décision importante se présentera, demandez l'avis de votre équipe. Impliquez-la dans toute décision qui affecte le travail qu'ils effectuent : la façon dont leur travail est accompli, organisé, planifié et attribué, ou l'environnement dans lequel ils travaillent.

Partagez de façon proactive autant de renseignements que possible, en vous assurant de leur dire si vous détenez d'autres informations que vous ne pouvez pas partager pour l'instant. Expliquez les circonstances qui ont mené à ce stade de décision ou qui ont entraîné des changements nécessaires. Sondez leur opinion, mais uniquement sur les aspects qu'ils peuvent réellement influencer.

Si vous avez déjà pris une décision concernant un dossier, ne prétendez pas que le résultat puisse encore faire l'objet d'une discussion. Expliquez plutôt la décision finale et les raisons pour lesquelles vous l'avez prise, et indiquez ce qui est encore susceptible d'être discuté. Par exemple, des heures d'ouverture prolongées peuvent être non négociables, mais l'équipe peut possiblement assumer la responsabilité d'abréger des horaires de travail révisés, ou encore, lorsque les budgets sont modifiés, le nouvel objectif de vente est peut-être fixé, mais vous pouvez explorer les options pour l'atteindre avec l'équipe.

Tout employé devrait avoir la possibilité d'être impliqué dans les discussions et les décisions de groupe. Ceci dit, ce ne sont pas tous les employés qui ont les compétences et l'expérience nécessaires pour participer pleinement. Les participants moins expérimentés risquent de ne pas bien saisir les enjeux ou d'en savoir assez pour choisir parmi plusieurs solutions de manière adéquate. Par exemple, ne présumez pas que vous obtiendrez le même niveau de contribution de la part d'un employé qui vient tout juste de sortir de l'université que d'un employé expérimenté qui connaît bien l'organisation et ses priorités commerciales.

Acceptez également que ce ne soit pas tout le monde qui souhaite participer dans la prise de décision au même degré. Certains employés accueilleront l'occasion avec enthousiasme, tandis que d'autres y seront réticents. Tout en respectant le droit de chaque employé à être impliqué au degré qu'il souhaite, encouragez la participation la plus complète possible. Votre foule devient moins sage à mesure qu'elle se réduit, parce que le groupe dispose de moins d'opinions et de perspectives.

N'oubliez pas que l'implication des salariés dans la prise de décision n'est pas la même chose que la « prise de décision collective ». L'implication des employés signifie que vous recherchez la collaboration de votre équipe et que vous en tenez pleinement compte lors de la prise de décision. Par contre, c'est vous qui prenez la décision. La prise de décision collective est assez différente. Cela implique que le groupe décidera ensemble. Ce n'est pas ce que je suggère. Les gestionnaires gèrent. Cela signifie que vous avez le dernier mot et que vous assumez l'entière responsabilité des décisions.

Quel est l'inconvénient à faire participer les employés dans la prise de décision? L'implication des employés exige plus de temps dès le départ. Les groupes nécessitent plus de temps pour étudier les questions, ce qui peut ralentir votre prise de décision. Votre capacité à réagir assez rapidement à un changement de circonstances peut être affectée.

Par ailleurs, impliquer un plus grand nombre de personnes dans les décisions clés signifie inévitablement le partage de données et d'informations pertinentes, dont certaines peuvent être délicates et confidentielles. Il est compréhensible que vous soyez préoccupé par le fait que des employés discutent de ces données à l'extérieur de votre groupe ou de l'organisation; plus il y a de personnes qui sont au courant de renseignements délicats, plus le risque qu'ils soient divulgués est élevé. Il y a également les attentes : si vous avez demandé la participation des employés dans la prise de certaines décisions, vous risquez de nuire au moral et à la motivation de ces derniers si vous les excluez de la prise de certaines autres décisions.

Dans l'ensemble, les avantages de la participation des employés à la prise de décision l'emportent largement sur les risques et les inconvénients potentiels. Les employés résistent souvent au changement parce qu'ils ne comprennent pas pourquoi celui-ci est mis en œuvre ou comment il affectera désormais leur vie professionnelle et personnelle. Ceci dit, si vous offrez aux employés la possibilité de participer à une décision qui les affectera, vous les aiderez aussi à comprendre la raison pour laquelle le changement est inévitable et ils seront d'accord avec vous plus rapidement.

Plus important encore, lorsque les employés participent au processus décisionnel, ils savent que vous les appréciez et ils feront tout ce qu'il faut pour assurer le succès de l'équipe. Quand les employés ont une vision complète du fonctionnement de leur équipe, de l'organisation dans son ensemble et des décisions avec lesquelles leurs supérieurs sont aux prises, les décisions qu'ils prennent sur une base quotidienne seront plus judicieuses.

Parce que les employés ressentent un sentiment de contrôle sur les décisions clés et comprennent mieux pourquoi elles ont été prises, ils ne gaspillent pas d'énergie en critiquant ou en reniant des décisions qui ne se déroulent pas comme prévu. Au contraire, ils travailleront fort pour remettre les choses en ordre. Le moral et la motivation seront renforcés parce que les employés savent qu'ils contribuent au succès de l'équipe.

Il faut du temps et de l'énergie pour inciter vos employés à participer au processus décisionnel, mais cette approche collaborative offre beaucoup plus de potentiel que l'alternative : la gestion par décret.

FACTEURS CLÉS

○ Lorsqu'il est nécessaire de prendre des décisions difficiles, demandez l'avis de vos employés, mais uniquement sur les aspects de la décision qu'ils peuvent réellement influencer.

○ Impliquer les employés dans le processus décisionnel signifie que vous leur demandez leur avis; ils ne prennent pas la décision. Tenez pleinement compte de leur contribution, mais, en tant que responsable, c'est vous qui prenez la décision finale.

○ Ce ne sont pas tous les employés qui ont les compétences et l'expérience nécessaires pour contribuer au processus décisionnel, et ce ne sont pas tous les employés qui souhaitent y participer. Respectez les limites et la volonté des gens à y participer, mais encouragez le plus grand nombre possible de personnes à y contribuer.

RÈGLE nº 8

COMMUNIQUEZ VOS ATTENTES CLAIREMENT

VOS EMPLOYÉS SONT-ILS CONSCIENTS DE CE QUE vous attendez d'eux? Vous êtes-vous assis avec eux afin de définir vos attentes pour chacune de leurs principales responsabilités? Si vous avez accompli ces démarches, êtes-vous sûr qu'ils ont bien compris vos attentes?

Vos employés ont besoin de connaître vos attentes à leur égard. En fait, ils ont le droit de savoir. Sinon, comment peuvent-ils réussir dans leurs fonctions? Lorsqu'ils comprennent vos attentes, vos employés peuvent fixer leurs objectifs, définir les bonnes priorités et être sûrs de savoir où ils en sont avec vous.

Vos attentes à l'égard de chaque employé se divisent en deux catégories : formelles et informelles. Les attentes formelles sont généralement exprimées sous forme d'objectifs SMART : Spécifiques, Mesurables, Axées sur un accord commun, Réalistes et Temporelles (c'est-à-dire avec un échéancier précis). Vous avez également des attentes informelles et quotidiennes sur la manière dont les employés doivent se comporter, collaborer et interagir les uns envers les autres. Enfin, vos employés doivent connaître les réponses aux quatre questions suivantes :

- Qu'attendez-vous de moi? Avant de communiquer vos attentes à vos employés, notez-les par écrit. Si vous ne pouvez pas les écrire clairement, vous ne pouvez pas les partager clairement, et vous ne pouvez certainement pas vous attendre à ce que vos employés les comprennent. Élaborez des objectifs de rendement significatifs qui décrivent vos attentes à leur égard avec précision. Révisez-les de temps en temps avec vos employés, afin que ces objectifs demeurent à jour et pertinents par rapport au travail qu'ils effectuent réellement. Fixez ces objectifs et ces attentes dans une perspective plus large, afin que les employés comprennent l'impact qu'aura leur rendement sur la réussite de l'équipe. Assurez-vous qu'ils possèdent les compétences, l'expérience, les habiletés et l'attitude nécessaires pour réussir. Enfin, lors de chaque conversation portant sur ces objectifs, vérifiez que vos employés comprennent réellement vos attentes.

- Est-ce que je m'en sors bien? Donnez continuellement

votre feedback. Prenez régulièrement le temps de vous asseoir avec chaque employé pour parler de vos attentes. N'hésitez pas à donner des commentaires honnêtes lorsque le rendement d'un employé ne correspond pas aux attentes que vous avez fixées pour lui. Même les employés vedettes ont parfois besoin d'aide et de feedback pour maintenir le cap.

- Où en suis-je? Même si un feedback continu contribue à l'accomplissement des tâches quotidiennes, vous devez également faire savoir à vos employés de manière structurée comment leur rendement global se situe par rapport aux attentes que vous avez fixées. Je n'ai toujours pas découvert le système d'évaluation de rendement parfait, mais, quels que soient les défauts du vôtre, utilisez-le comme il faut. Chacun de vos employés a des attentes. Ces dernières ont été créées lorsqu'on leur a présenté le programme. Elles concernent les objectifs, l'évaluation, le perfectionnement professionnel et l'avancement de carrière. Il est de votre responsabilité de veiller à ce que ces attentes soient comblées.

- Comment puis-je m'améliorer? Signaler tout simplement à vos employés les erreurs qu'ils commettent ou souligner ce pour quoi ils ne répondent pas aux attentes est insuffisant. Expliquez-leur comment ils peuvent s'améliorer et aidez-les à combler ces lacunes par le biais de coaching ou de formation.

- Ne comptez pas exclusivement sur des séances individuelles avec les employés pour fixer les attentes et pour évaluer leur rendement. Organisez régulièrement de courtes réunions avec votre équipe afin d'examiner les objectifs du service, le travail d'équipe ainsi que les projets à venir. Communiquez les attentes à l'équipe entière simultanément. Demandez des idées et des commentaires et intégrez-les. Votre équipe appréciera votre souplesse lorsque vous ajusterez vos attentes en fonction de leurs commentaires et elle travaillera fort pour atteindre des objectifs qu'elle — et vous — savez être à la fois réalistes et justes.

FACTEUR CLÉS

○ Prenez régulièrement le temps de vous asseoir avec chaque employé pour parler de vos attentes et pour partager vos idées sur ce qui représente, selon vous, un bon rendement dans ses fonctions.

○ Assurez-vous de la compréhension de chacun en leur demandant périodiquement de vous communiquer ce qu'ils comprennent de vos attentes et ce qu'ils considèrent comme la réussite dans leurs fonctions, selon eux.

○ Si votre entreprise emploie un système d'évaluation de rendement, utilisez-le.

RÈGLE nº 9

RÉSERVEZ UN ACCUEIL CHALEUREUX POUR TOUS

VOUS AVEZ TROUVÉ LE CANDIDAT PARFAIT POUR se joindre à votre équipe. Pensez à l'effort que vous avez investi pour le trouver, pour vous assurer qu'il convienne parfaitement. Maintenant, redoublez d'efforts pour offrir l'accueil le plus chaleureux, le plus amical et le plus légendaire qu'on puisse imaginer. C'est leur grand jour. Montrez-leur que c'est un grand jour pour vous aussi!

Pour vos collègues et vous, c'est peut-être un jour comme les autres mis à part la nouvelle personne qui se joint à votre équipe, mais pour votre nouvel employé, c'est l'aboutissement d'un processus qui a duré des mois : repérer l'offre d'emploi; y réfléchir; compléter la demande d'emploi; compléter le processus de sélection; attendre impatiemment la réponse. Tout cela avant de finalement apprendre la bonne nouvelle : il a décroché le poste. Félicitations!

C'est le moment des questions du « premier jour ». Quel est le code vestimentaire? Combien de temps devraient-ils s'accorder avant de se rendre à vos locaux? Est-ce que leur boss est gentil? Vont-ils bien s'entendre avec leurs collègues? Et tant d'autres questions, de décisions et de projets à envisager. Pour le nouvel employé, le premier jour de travail est probablement un mélange d'incertitude et de nervosité auquel s'ajoute beaucoup d'excitation, d'énergie et d'enthousiasme.

Le premier jour est enfin arrivé. Des ballons éclatent. L'excitation et l'enthousiasme se transforment en embarras lorsque votre nouvel employé se rend compte que personne ne semble être conscient de son arrivée. Vingt minutes d'attente à l'accueil pendant que le réceptionniste tente de contacter quelqu'un pour s'occuper de... : « Quel est votre nom, déjà? » Une heure passée à votre bureau, à attendre que vous terminiez vos réunions, tout en souriant de façon maladroite à tous ces inconnus qui le regardent avec curiosité. Se demandant où est la toilette, mais ayant trop peur d'explorer les lieux, au cas où vous demandiez finalement pour lui. Et tout le monde qui porte des jeans, alors que lui a l'impression d'être habillé pour un mariage... Ou un enterrement : le sien.

J'ai exagéré un peu dans le but de faire valoir mon point de vue. Malheureusement, il s'agit bien là d'une description réaliste du type d'accueil qui attend plusieurs nouvelles recrues. Bien entendu, il existe d'autres variantes : l'« Assieds-toi avec John cette semaine et observe ce qu'il fait » ou l'accueil « Viens déjeuner avec nous, mais il n'y a plus de place à notre table ».

Il existe bel et bien une meilleure façon d'apaiser les inquiétudes d'une nouvelle recrue, de calmer sa nervosité, de partager son excitation et de susciter son enthousiasme. Il suffit d'avoir un plan. Examinons quelques idées.

Commencez par une stratégie d'accueil

Élaborez et documentez une stratégie conçue pour que les nouveaux employés se sentent à l'aise, acceptés et bienvenus, et ce, dès qu'ils apprennent qu'ils ont décroché le poste. Rassemblez votre équipe et encouragez-la à partager leurs souvenirs de leur premier jour afin de recueillir des idées sur la meilleure façon d'accueillir une nouvelle personne au sein de votre équipe. Analysez ce qui s'est bien passé et ce qui aurait pu être amélioré. Formez une petite équipe pour mener le projet, composée d'employés de longue date, pour leur expérience et leur côté pratique, et de nouvelles recrues, pour leur empathie et leur enthousiasme. Chacun a un intérêt personnel à ce que ces nouvelles recrues prometteuses s'intègrent le plus rapidement possible et demeurent au sein de l'entreprise.

Après tout, s'ils ne restent que quelques semaines, leur départ affectera tous les membres de l'équipe.

Accueillez votre nouvel employé avant son entrée en fonction

Contactez les nouvelles recrues par téléphone environ une semaine avant leur entrée en fonction. Soyez enthousiaste et accueillant. Parcourez avec eux l'information de base qui leur sera nécessaire : le lieu ainsi que l'heure à laquelle ils doivent se présenter, la tenue vestimentaire et le déroulement de leur premier jour. Encouragez-les à poser toutes formes de questions, même si elles peuvent leur paraître insignifiantes. Par la suite, envoyez-leur immédiatement un courriel pour confirmer les détails et pour répondre à toutes les questions qui vous ont été posées.

Envisagez également de les rencontrer pour un café ou un déjeuner avant qu'ils ne commencent, peut-être avec quelques-uns de leurs nouveaux collègues, afin que le nouvel employé puisse se sentir moins nerveux. Cette rencontre leur permet de rencontrer l'équipe dans un contexte social et de discuter d'autre chose que du travail. Ça leur permet aussi de connaître certains de leurs collègues avant leur premier jour de travail.

Créez l'adresse courriel de votre nouvelle recrue dès qu'elle accepte votre offre d'emploi. Ensuite, encouragez tous les membres de votre équipe à écrire un petit courriel pour se présenter et accueillir leur nouveau coéquipier. Imaginez la surprise de votre nouvel employé lorsqu'il se connectera pour la première fois — ce sera probablement la seule fois de sa carrière qu'il sera ravi et reconnaissant de constater que sa boîte de réception déborde de messages. Veillez aussi à ce qu'il dispose de tous les outils de base, tels qu'un bureau et une chaise, un téléphone fonctionnel et toute carte de sécurité ou clé magnétique qui lui seront nécessaires dès son premier jour.

Veillez à ce qu'ils soient bien accueillis dès leur premier jour

Qui les accueillera à leur arrivée? La première personne qu'un nouvel employé rencontrera le premier jour sera souvent le réceptionniste ou le gardien de sécurité. Informez ces employés que vous attendez un nouvel employé. Montrez-leur une photo et indiquez-leur le nom et le poste du nouvel arrivant. Encouragez-les à accueillir ce nouveau membre au sein de l'organisation de sorte que lorsqu'ils vous demandent à la réception, ils soient accueillis avec une reconnaissance chaleureuse (« Je présume que c'est vous, Marie? Bienvenue à l'équipe! ») Marie, ne se sentira-t-elle pas accueillie, spéciale et appréciée?

Soyez présent. Vous êtes leur boss. Le fait d'accueillir votre nouvel employé vous-même est plus important que tout ce que vous pourriez avoir à faire à ce moment-là. Aucune règle ne stipule que vous devez demander à un nouvel employé de se présenter dès le lundi matin. Si vous êtes trop occupé en début de semaine, il suffit de leur demander de commencer le mardi. Si votre début de matinée est toujours chargé, demandez-leur de se présenter en milieu de matinée. Bref, soyez présent et prêt à leur accorder votre pleine et entière attention. Rendez-vous à la réception et accompagnez-les. Ne les faites pas attendre.

Élaborez un plan social et professionnel

Les pauses-café et les midis peuvent poser problème pour les nouvelles recrues. S'ils ont de la chance, ils auront des collègues empathiques qui se feront un devoir de les inclure. Si vous êtes convaincu que cela se produira sur votre lieu de travail, tant mieux. Par contre, si vous avez des inquiétudes, ne laissez rien au hasard.

Planifiez l'horaire de la première semaine du nouveau membre de votre équipe. Cela peut être aussi simple que d'envoyer un courriel à son équipe pour demander qui aimerait déjeuner ou prendre une pause avec leur nouveau collègue. Cela peut sembler planifié, et ce l'est peut-être, mais c'est loin d'être aussi pénible qu'une première semaine passée à dîner seul ou à essayer de s'infiltrer dans des groupes établis. Après avoir fait cela pour quelques nouvelles recrues, le concept décollera, car ceux que vous avez accueillis de cette manière voudront faire de même pour leurs nouveaux collègues.

Visitez le lieu de travail avec l'employé et présentez-le personnellement au reste de l'entreprise (ou service, dépendamment de l'envergure de votre organisation). Sinon, élaborez un système de jumelage. Choisissez soigneusement la personne qui fera visiter le site au nouvel arrivant, qui lui expliquera comment le tout fonctionne et qui fait quoi, veillez à ce qu'il ait la possibilité de rencontrer leurs collègues pendant le déjeuner et les pause-café et offrez du soutien et des conseils lorsque nécessaire.

Faites en sorte que le nouvel employé travaille de manière productive le plus rapidement possible afin de l'aider à passer psychologiquement de l'état d'étranger à celui de membre de l'équipe. Invitez-les aux réunions qui concernent leur sphère de responsabilité et aidez-les à s'impliquer. Assurez-vous de demander et d'écouter attentivement leur avis; si les réunions sont généralement au rythme effréné et énergique, offrez-leur votre soutien et encouragez-les pendant qu'ils s'accoutument et s'ajustent à la culture prédominante. De toute évidence, impliquez-les aussi dans toutes les activités sociales sur le lieu de travail.

N'oubliez pas qu'il est tout aussi important d'accueillir les personnes qui ont changé de poste ou qui rejoignent votre équipe en provenance d'une autre partie de l'organisation. Les gestionnaires négligent souvent cette partie de l'accueil initial, ce qui le rend plus précieux et plus apprécié lorsque cela se produit.

Un investissement pour la vie

Vous n'aurez jamais eu autant l'occasion de canaliser l'énergie, l'enthousiasme et l'engagement d'un nouveau membre de l'équipe (peut-être même de le conserver pour la vie) que lors de sa première journée de travail. En l'accueillant chaleureusement et en l'aidant à s'installer aisément, vous lui communiquez la valeur que vous lui accordez, en encourageant la camaraderie positive et des niveaux d'engagement plus profonds dès son premier jour.

Il est étonnamment facile d'élaborer et de mettre en œuvre une stratégie d'accueil qui améliorera considérablement l'expérience d'un nouvel employé dans votre organisation, des pratiques desquelles ils parleront à leur famille, à leurs amis et à toute personne qui les écouteront concernant leur merveilleux nouvel emploi au sein d'une organisation incroyable avec les personnes les plus accueillantes qu'ils aient jamais rencontrées. Étant donné que la plupart des organisations font fausse route, les gens parlent de celles qui réussissent.

FACTEURS CLÉS

○ Réduisez l'anxiété de votre nouvelle recrue à propos de leur premier jour en le contactant à l'avance. Dans ce cas-ci, la familiarité engendre la satisfaction.

○ Ne laissez pas les premiers jours de votre nouvelle recrue au hasard; planifiez-les soigneusement. On n'a jamais une deuxième chance de faire une première impression.

○ N'oubliez pas qu'une nouvelle recrue n'est pas toujours nécessairement « nouvelle » dans l'organisation. Assurez-vous de réserver un accueil tout aussi chaleureux et attentionné aux employés qui font déjà partie de l'entreprise.

RÈGLE nº 10

LE TRAVAIL DE CHACUN EST IMPORTANT

AUCUN MEMBRE DE VOTRE ÉQUIPE N'EST SANS IMPORTANCE.

Personne ne devrait avoir le sentiment de ne pas faire autant partie de l'équipe que les autres, qu'ils travaillent à temps plein ou à temps partiel, qu'ils aient vingt ans ou vingt jours d'ancienneté, qu'ils occupent un poste permanent, temporaire ou contractuel. Personne ne devrait croire que sa contribution vaut moins que celle des autres, même si son travail peut sembler ne pas avoir la même envergure ou la même portée. Si leur contribution joue un rôle quelconque dans le succès de l'équipe, celle-ci est aussi importante que celle des autres. Si jamais le travail ne contribue pas à la réussite de l'équipe, pourquoi le poste existe-t-il?

Vous pouvez avoir une bonne idée de la façon dont une personne perçoit la valeur de son rôle — le sens qu'elle accorde à leur travail — en écoutant leur réponse à la question suivante : « Que faites-vous? » S'ils répondent quelque chose comme : « Je ne fais que nettoyer le bureau » ou « Je ne suis qu'un caissier » ou encore « Je suis juste à temps partiel », c'est évident que cette personne se sent beaucoup moins valorisée dans son rôle que vous aimeriez qu'elle le soit.

Pourquoi est-ce important? Parce que votre équipe est aussi forte que son maillon le plus faible. Les employés qui estiment que leur contribution n'a guère d'importance s'engagent moins et contribuent moins qu'ils ne le pourraient, laissant tout le monde en plus mauvaise posture. Il est dans l'intérêt de tous de veiller à ce que les personnes qui touchent un salaire inférieur ou qui occupent des postes subalternes soient impliquées dans votre équipe et ses activités au même titre que d'autres personnes occupant des postes de niveau supérieur.

Chaque employé doit sentir que son travail constitue un atout, qu'il est important et qu'il améliore la vie des autres. Un ingénieur qui fonce un puits dans une zone défavorisée et sujette à la sécheresse estime probablement que son travail est important. Par contre, si le même ingénieur effectue de l'entretien sur une chaîne de production dans une usine de boissons gazeuses, il se peut qu'il ne soit pas du même avis et, si on le lui demande, il se pourrait qu'il réponde qu'il « ne fait que des boissons gazeuses ». Tout comme cet ingénieur, la plupart d'entre nous œuvrons sur des lieux de travail « ordinaires » où nous occupons des fonctions « ordinaires » qu'il serait difficile de qualifier comme étant « significatives ». Heureusement, effectuer un travail important n'est pas la même chose que de trouver la signification de son travail. Par exemple, les gens effectuent un travail important qui leur tient à cœur. Les gens trouvent un sens à leur travail en réalisant la valeur de ce qu'ils font.

Si le travail n'a pas de valeur intrinsèque, vous ne pouvez pas le rendre ainsi, mais vous pouvez aider chaque employé à trouver un sens à son travail, quel qu'il soit, et ce, sur chaque lieu de travail. Voici comment:

- *Encouragez un sentiment de communauté.* Les gens se soucient de leur travail et de leurs collègues, et s'inspirent de cette attention. Montrez à vos employés en quoi leur contribution affecte leur communauté de travail. Vous obtiendrez donc : « Je ne fais que des boissons gazeuses, mais le fait de m'assurer que la chaîne de production continue à fonctionner permet à cinq cents personnes qui y travaillent de nourrir leur famille tous les jours. »
- *Permettez à vos employés d'être autonomes.* Les employés qui profitent d'un niveau élevé de liberté

et leurs compétences réalisent leur plein potentiel et sont plus susceptibles de trouver un sens à leur travail. Notre cher ingénieur de boissons gazeuses dirait peut-être plutôt : « Ça ne produit que des boissons gazeuses, mais je suis fier de dire que j'ai entretenu cette chaîne de production pendant les sept dernières années sans la moindre panne ».

- *Encouragez la fierté chez les employés pour ce qu'ils font et pour qui ils le font.* Les employés d'organisations très respectées ou de marques appréciées trouveront souvent un sens dans leur participation à ce succès. Rappelez aux employés l'importance de leur contribution au succès global et à la marque de votre entreprise. Notre ingénieur serait susceptible d'annoncer, avec fierté, « Je ne produis pas n'importe quelle boisson gazeuse. Je produis du Coca Cola. »

- *Faites-leur savoir qu'ils sont à leur place.* Encouragez tout le monde à prendre part à toutes les activités sociales ou professionnelles, en particulier les employés qui travaillent de nuit ou à distance. Les travailleurs de nuit se sentent souvent isolés. Les travailleurs à distance ont souvent le sentiment que les autres pensent qu'ils sont moins engagés et qu'ils travaillent moins fort que leurs collègues au siège social, même si les données montrent qu'ils ont tendance à travailler plus longtemps — mais de façon différente — et sont souvent plus productifs, car ils subissent moins de distractions. Trouvez des moyens de les accueillir : invitez-les au bureau ou rendez-leur visite régulièrement et incluez un volet social lors de ces rencontres. De plus, prenez souvent contact avec eux par téléphone.

Mon client Dave exploite une centaine de stationnements de différentes superficies en Irlande. Ses employés travaillent de longues heures, souvent seuls dans de petites cabanes ou bureaux, et ce, malgré les conditions météorologiques. Il se rend à chaque emplacement au moins quatre fois par année et passe des heures interminables sur la route pour s'y rendre. Pour rester en contact avec chacun de ses employés dispersés, il les appelle en conduisant pour tout simplement jaser. Sa consigne, qu'il applique avec assiduité, est que tout sujet, mis à part le travail, est permis : la famille, le football, la politique, la météo.

L'entreprise à Dave a remporté le titre de meilleur lieu de travail en Irlande à deux reprises. Il faut de l'engagement et de l'énergie pour appeler tous ces gens. Par contre, avec chaque discussion, il contribue au sentiment d'appartenance de tous ses employés, fait valoir l'importance de leur travail, leur prouve qu'ils comptent, qu'il leur fait confiance et qu'ils travaillent pour une entreprise (et un boss) qui en vaut la peine.

FACTEURS CLÉS

○ Ne ratez jamais l'occasion d'aider les employés à comprendre l'impact de leurs efforts à la réussite de l'organisation dans son ensemble.

○ Laissez vos employés avoir leur mot à dire sur la façon dont ils font leur travail afin qu'ils puissent être fiers de leur emploi et du savoir-faire qu'ils y apportent.

○ Incluez tout le monde dans les activités sociales et professionnelles pour qu'ils aient le sentiment de faire partie de votre « famille ».

RÈGLE nº 11

MANIFESTEZ VOTRE APPRÉCIATION

LA PLUPART D'ENTRE NOUS TRAVAILLENT FORT. Nous faisons de notre mieux en doublant d'efforts lorsque nécessaire. Avant tout, nous faisons ce que nous avons à faire, tranquillement et sans histoire. Bien que nous n'ayons pas besoin ou n'attendons pas d'éloges ou de reconnaissance constants, c'est agréable quand cela arrive.

Malheureusement, peu d'entre nous sont remerciés ou félicités régulièrement ou correctement. À quand remonte la dernière fois qu'un employé vous a demandé de le remercier moins souvent, ou de diminuer les éloges? Exactement! Et je doute que vous n'ayez jamais ressenti le besoin de faire une demande semblable à votre boss.

La reconnaissance consiste simplement à faire en sorte

que les autres se sentent valorisés et appréciés pour leur travail. C'est important, et c'est important de bien le faire. Comme c'est souvent le cas quand on gère des gens, ce n'est pas ce que vous faites, mais plutôt comment vous le faites qui est important. Cindy Ventrice, spécialiste de la reconnaissance et auteure, explique dans son best-seller Make Their Day! Employee Recognition That Works : « La reconnaissance n'est pas une plaque commémorative. C'est ce que la plaque signifie qui est important. C'est une question de relations et de démontrer un intérêt véritable envers les gens et leurs préférences. »

Même si nous parlons souvent de « reconnaissance » et de « récompenses » dans le même souffle, ce sont des concepts très différents. Ces deux avantages sont accordés en échange d'un bon rendement ou d'efforts et visent à motiver les employés, tant individuellement que collectivement. Mais si les récompenses coûtent habituellement de l'argent et offrent un avantage concret comme de l'argent, un certificat-cadeau ou une expérience, les avantages de la reconnaissance sont surtout psychologiques.

Donc, si les récompenses nous font généralement du bien, une reconnaissance sincère, réfléchie et bien exécutée sera toujours encore plus appréciée! Surtout, bien que vous disposiez de ressources limitées en ce qui concerne les récompenses à cause du budget ou des règles à l'interne, par exemple, c'est quand même vous qui menez le jeu quant aux récompenses.

Une bonne reconnaissance ne coûte rien d'autre que votre temps, votre attention et vos efforts.

Obtenez votre ceinture noire de la reconnaissance

Une bonne reconnaissance naît d'une bonne analyse. Pour reconnaître un travail de qualité, il faut soit le voir personnellement ou l'entendre de la part de quelqu'un d'autre. Pour cela, il faut être présent et vous rapprocher de chacun de vos employés. Intéressez-vous aussi à ce qu'ils font. Soyez conscient des efforts et des sacrifices de chacun. Tenez compte de ceux qui font preuve de dévouement et d'engagement de ceux qui vont bien au-delà de leurs responsabilités. Prenez en note les bons coups. N'oubliez pas que les gestionnaires de haute confiance traitent tout le monde de manière équitable. Ils ne traitent pas tout le monde de la même manière.

Les employés reçoivent tellement rarement une attention personnalisée de la part de leurs patrons que, lorsque cela se produit, ils s'en rendent compte. C'est la raison pour laquelle la reconnaissance est cruciale. Assurez-vous donc de le faire. Reconnaissez tout comportement qui dépasse les attentes. Reconnaissez toute contribution exceptionnelle, mais reconnaissez également les maintes

« petites choses » qui font la différence, telle qu'un travail bien exécuté, un coup de main ou une assiduité irréprochable.

Ne faites jamais preuve de reconnaissance lorsque ce n'est pas mérité. Pour être valide, l'éloge doit être sélectif. Si vous faites l'éloge de tout et de tous, vos éloges ne seront plus valables. Une bonne règle de base est que si vous ne pouvez pas être clair et précis sur le comportement ou l'attitude qui a rendu cette réalisation possible, ce n'est probablement pas une bonne idée de la souligner.

L'éloge est un outil puissant pour les gestionnaires, et bien que l'éloge générique soit probablement mieux que rien, l'éloge le plus efficace est celui qui est lié au comportement ou au rendement de l'employé. Lorsque vous reconnaissez le travail d'une personne, parlez moins de ce qui a été réalisé et concentrez-vous plutôt de la manière dont cela a été réalisé. Par exemple, ne vous contentez pas de féliciter un employé pour être un « excellent membre de l'équipe », félicitez-les d'avoir « fait preuve d'un excellent travail d'équipe en restant tard avec Marc et Mathilde pour les aider à traiter la demande urgente d'un client. » Cela démontre aux employés que vous remarquez (et que vous aimez) qu'ils travaillent de la bonne manière, même si cela ne mène pas toujours aux résultats désirés.

Ne mélangez jamais les éloges et le feedback dans

une même discussion. Votre employé n'entendra que le feedback ou la critique. « Vous avez fait preuve de beaucoup de patience et de gentillesse en aidant ce client » est un éloge. « Mais la prochaine fois, vous pourriez aussi envisager...» est du coaching. Les éloges maintenant; le coaching plus tard

Adaptez votre façon de reconnaître chaque individu pour éviter que vos gestes bien intentionnés ne se retournent contre vous. Bien qu'une reconnaissance adéquate soit un outil de motivation inestimable, il n'y a pas de solution unique. Oui, tout le monde aime se sentir apprécié, mais pas de la même manière. Chacun percevra un même geste de manière différente en fonction de leur personnalité et de leur relation avec vous. Par exemple, certains employés se développent grâce à la reconnaissance et aux éloges publics tandis que d'autres préféreraient mourir que d'être reconnu publiquement.

La reconnaissance n'a pas besoin d'être lourde et coûteuse pour être mémorable et significative. La plupart du temps, la simplicité et la gratuité fonctionnent mieux. Démontrez votre reconnaissance régulièrement et avec sincérité. Cela démontre à vos employés que vous les appréciez. Votre reconnaissance est — sans exagération — assez influente pour changer des vies! Maya Angelou, la poète américaine et activiste des droits de la personne, avait compris cela : « J'ai appris que les gens oublieront ce que tu as dit, ils oublieront ce que tu as fait, mais ils n'oublieront jamais ce que tu leur as fait ressentir. »

Si la reconnaissance des contributions d'un individu renforce et améliore son rendement et son moral, la valorisation de l'équipe est également importante et efficace. Votre défi consiste à trouver l'équilibre entre les deux. Si vous vous concentrez trop sur le rendement individuel, vous risquez de miner le travail d'équipe et de créer un environnement trop concurrentiel; vos employés croiront que c'est ce que vous valorisez le plus. Si vous récompensez des équipes sans reconnaître les contributions individuelles, vous risquez de démoraliser vos meilleurs employés et ils se demanderont pourquoi ils travaillent si fort alors que tout le monde peut partager les éloges. La solution? Reconnaissez les performances des équipes et des individus, tout en veillant à promouvoir et à récompenser la « coopération » en tant que comportement valorisé.

N'oubliez pas non plus de manifester votre reconnaissance envers ceux qui partent à la retraite ou pour relever de nouveaux défis. Profiter de cette occasion pour les remercier de leur contribution est une raison suffisante pour le faire, mais ce faisant, vous montrez également à tous les autres membres de l'équipe le traitement auquel ils peuvent s'attendre lorsque le moment sera venu pour eux de passer à autre chose. Un gestionnaire qui ignore ou reconnaît à peine les contributions d'un collègue qui quitte l'entreprise envoie un message clair à tous les autres : lorsque leur tour viendra, ils ne pourront guère s'attendre à être remerciés pour leurs efforts et leurs réalisations. D'un autre côté, une reconnaissance sincère et réfléchie envoie un message de valorisation et d'appréciation, non seulement à l'employé qui quitte l'entreprise, mais à tout le monde.

Le bonheur ne s'achète pas

Lorsqu'il s'agit de reconnaissance, c'est le geste qui compte. Vous n'avez pas de budget pour de chics cadeaux de Noël? Du chocolat chaud et des beignes seront beaucoup plus appréciés un lundi après-midi frisquet au mois de janvier et auront un impact plus important que tout ce que vous pourriez offrir dans les semaines précédant Noël, lorsque les cadeaux sont monnaie courante. Examinez les autres cadeaux qui sont à votre disposition et qui sont à votre portée : quelques heures de congé; un matin tardif; un après-midi écourté; une journée de congé; prêter votre espace de stationnement; une journée dans votre chaise confortable; peu importe. Le cadeau en soi est bien moins important que la reconnaissance que le cadeau signifie.

Voici quelques idées de reconnaissance que vous pouvez mettre en œuvre à peu de frais, ou gratuitement, et pour lesquelles vous n'avez pas besoin d'obtenir une approbation au préalable :

- *Dire merci.* Allez voir l'employé à son poste de travail pour lui faire part de votre appréciation quant à son effort supplémentaire.
- *Écrire une note.* Démontrez votre appréciation en rédigeant un courriel, une carte, ou, pour marquer le coup, une lettre de remerciement personnalisée et écrite à la main.
- *Partager les accomplissements d'un employé avec le reste de l'équipe.* Quand un employé reçoit un feedback positif d'un client ou si vous recevez un courriel félicitant un membre de votre équipe pour leur bon travail, ne le gardez pas pour vous. Partagez le courriel avec l'équipe, discutez du feedback à la réunion avec les collègues ou affichez-le sur un « babillard de remerciements ».
- *Offrir des félicitations lors des réunions d'équipe.* Mettez du temps de côté pour reconnaître et remercier les employés qui se sont dépassés, mais ne faites pas d'éloges pour le simple plaisir d'en faire. Si vous remerciez trop souvent trop de gens, tout le monde s'en apercevra bien vite. Si vous n'avez rien à souligner, ne dites rien.
- *Inviter l'employé à dîner avec vous.* Ne vous inquiétez pas si votre budget est limité. La plupart des employés ne se soucient pas du lieu ou du coût. Il aime que vous l'ayez choisi et que vous passiez du temps avec lui.

- *Payer le repas à un employé.* Certains employés apprécieraient un repas aux frais du boss. D'autres préféreraient profiter du cadeau avec leur partenaire.

- *Organiser des fêtes informelles de manière ponctuelle.* Prenez un gâteau ou un sac de fruits ou de bonbons, puis réunissez votre équipe et expliquez-lui pourquoi vous l'avez invitée à cette petite fête. Sinon, organisez un dîner ou un pique-nique festif. Mieux encore, lorsque vous exprimez votre reconnaissance envers un employé en particulier, demandez à un ami proche au sein de l'entreprise d'organiser la fête afin qu'il puisse proposer des idées plus personnalisées et plus créatives.

- *Célébrez les anniversaires des employés, ou leur anniversaire de travail, ou les deux.* Ce ne sont pas les événements à souligner qui manquent : que ce soit la naissance d'un enfant ou même la naissance de chiots ou de chatons. N'oubliez pas que vous soulignez l'événement en question dans le but de démontrer votre appréciation pour l'employé et ce qu'il apporte à l'équipe.

- *Organisez des semaines de reconnaissance des employés.* Vous n'êtes que limité par votre budget et votre imagination, et ce, dans cet ordre. Des fêtes peu coûteuses et des compliments sincères et bien choisis auront plus d'effet que les grands gestes flamboyants et de vagues platitudes.

- *Partagez votre reconnaissance avec la famille de*

l'employé. Certains gestionnaires aiment écrire à la famille de l'employé pour souligner leur précieuse contribution à l'équipe. Par contre, ne le faites que si vous connaissez la situation familiale de l'employé. Bien qu'il puisse être un outil de reconnaissance très efficace, il comporte également un risque de catastrophe. Une note à la famille d'un employé, reconnaissant l'effort gargantuesque et les heures supplémentaires que l'employé a effectuées au cours des six derniers mois, pourrait être la goutte d'eau qui fait déborder le vase dans leur relation si leurs absences du domicile ont été la cause de frictions.

- *Organisez une remise de prix annuelle pour votre équipe.* Permettez-leur d'explorer leur côté créatif et planifiez ce qu'ils proposent. Présentez un mélange de catégories de prix individuels et d'équipe — certaines catégories sérieuses, d'autres, moins. Un certificat encadré de chaque prix est tout ce dont vous avez besoin, ou encore des prix faits sur mesure qui ont un lien avec le travail effectué par l'équipe. N'essayez pas de rivaliser avec les Oscars, car, c'est vraiment le geste qui compte. Dès le début du gala, prenez quelques minutes pour souligner les efforts de team-building, mais n'insistez pas. La reconnaissance est importante, mais l'expérience d'équipe partagée et le plaisir le sont également, alors visez le rire et le plaisir!

- *Encouragez les gens à se reconnaître entre eux.* Les employés sont stimulés par le fait de savoir que leurs collègues apprécient leur contribution. La reconnaissance des pairs fonctionne mieux lorsque c'est véhiculé par l'équipe. Si vous êtes perçu comme celui derrière l'idée, vos employés risquent de le considérer comme un simple outil de gestion comme les autres. Proposez l'idée d'un programme de reconnaissance des pairs à votre équipe et tassez-vous du chemin. Laissez-leur décider de la manière dont ils souhaiteraient le réaliser : de façon formelle, informelle, ou les deux. N'importe quelle approche fera l'affaire, à condition qu'elle produise les résultats souhaités.

Trop occupé pour des remerciements? Détrompez-vous!

Le gestionnaire de confiance peut faire en sorte que la confiance devienne une priorité. Ne croyez pas que vous n'avez pas le temps de le faire. Vous pourriez tout aussi bien dire que vous n'avez pas le temps de faire de la gestion. Peu, mais de façon fréquente, fonctionne souvent mieux, car le timing est primordial. N'attendez à l'évaluation de rendement dans six mois. Dès que vous remarquez ou entendez parler d'un bon travail, reconnaissez-le! Même si vous êtes occupé, n'attendez pas avant de démontrer votre reconnaissance. Votre travail devient plus facile, et non plus difficile, lorsque vous investissez le temps et le travail nécessaires pour reconnaître les efforts et les réalisations de vos employés.

FACTEURS CLÉS

○ Il est presque impossible de faire trop d'éloges ou trop de remerciements. N'oubliez pas que la meilleure reconnaissance est souvent « gratuite, simple et fréquente ».

○ Ne vous contentez pas de dire à un employé qu'il a fait un excellent travail; dites-lui pourquoi son travail fut excellent.

○ Ne félicitez pas quelqu'un pour le plaisir de le faire. Chacun y voit clair, et cela réduit l'impact des éloges sincères que vous faites à d'autres moments.

RÈGLE n° 12

APPRENEZ À CONNAÎTRE LA PERSONNE À PART ENTIÈRE

VOUS AVEZ UNE VIE EN DEHORS DE L'ENTREPRISE et il en va de même pour chaque membre de votre équipe. Tout comme la plus grande partie d'un iceberg se cache sous la surface, ce que vous voyez de chaque employé sur le lieu de travail n'est qu'une infime partie de cette personne et de sa vie. Il y a plusieurs autres aspects de la vie qui sont, ou devraient être, plus importants qu'un emploi : par exemple, la famille, les animaux de compagnie ou les passe-temps.

Chacun d'entre nous est unique et spécial, et a un passé, un présent et un futur qui sont séparés de notre personnage quotidien au travail. Chacun d'entre nous a ses croyances et ses valeurs. La plupart des gens ont des responsabilités envers leur famille, leurs amis et leurs voisins. Certains jouent un rôle central dans des clubs, des sociétés, des églises et des communautés. D'autres sont amoureux des animaux de compagnie, des alpinistes, des mordus de casse-têtes ou des historiens amateurs. Pour la plupart d'entre nous, notre situation personnelle, nos responsabilités et nos intérêts sont bien plus importants que notre gagne-pain.

Lorsque vous manifestez un intérêt sincère envers les membres de votre équipe en tant qu'individus uniques et non seulement en tant qu'employés, vous faites preuve de respect envers le caractère complexe de leur vie. Ce faisant, vous préparez le terrain pour qu'ils puissent faire confiance à vous et à votre sincérité à d'autres occasions.

Démontrer de l'intérêt pour la vie personnelle de votre employé ne nécessite aucun comportement envahissant ou de questions de votre part. Certains employés protègent soigneusement leur vie privée et maintiennent des limites bien définies entre leur travail et leur vie personnelle. D'autres estiment qu'il y a peu de différence entre les deux et sont heureux de les partager avec des personnes en qui ils ont confiance. De même, certains gestionnaires ont un don naturel pour mettre les gens à l'aise en discutant de sujets personnels, alors que d'autres trouvent cela atrocement difficile. La solution consiste à trouver un terrain d'entente sur lequel vous vous sentez tous les deux à l'aise et où chacun peut se permettre d'être entièrement « soi-même ».

En tant que gestionnaire attentionné, vous devez simplement démontrer à travers vos paroles et vos gestes que vous savez que chacun de vos collègues est bien plus qu'un « simple employé ». Il ne s'agit pas de connaître les moindres détails de la vie de votre employé, mais plutôt de démontrer que ce qui se passe dans sa vie est important et doit être respecté.

Voici quelques idées sur la façon dont vous pouvez apprécier et respecter l'individualité de chaque membre de votre équipe :

- *Chaque fois que vous saluez ou parlez aux employés, appelez-les par leur nom.* C'est une façon simple mais efficace de démontrer que vous les reconnaissez comme individu unique. Si vous ne connaissez pas leur nom, renseignez-vous.
- *Allez saluer les employés qui sont de retour de vacances, démontrez de l'intérêt à propos de leur congé et mettez-les au courant de toute nouvelle — sociale et professionnelle — de laquelle ils ne seraient pas au courant.*
- *Vérifiez qu'un employé malade se porte bien.* Lorsqu'un employé est malade à la maison, appelez pour savoir comment il va ou pour savoir s'il a besoin d'aide. Ne discutez en aucun cas de travail pendant cet appel. Votre employé pourrait penser que le travail, et non leur bien-être, soit la principale raison de votre

appel. Si vous ressentez le besoin de parler du travail et que cela s'avère approprié, parlez-en lors d'un autre appel.

- *Prenez contact avec un employé qui revient d'un congé de maladie.* Renseignez-vous sur leur santé sans être indiscret et informez-les de tout ce qui s'est passé en leur absence, en particulier des événements ou des nouvelles qui ne sont pas liés au travail.

- *Appelez les employés qui travaillent à distance.* Prenez contact avec les membres de l'équipe qui travaillent de la maison ou sur d'autres lieux, tout simplement pour prendre des nouvelles.

- *Faites preuve d'empathie pour les employés qui traversent une période difficile. Qu'ils organisent un mariage ou attendent un bébé, ou qu'ils soient confrontés à un décès ou à la maladie d'un membre de leur famille,* ils ont besoin de votre compréhension et de votre compassion. Faites tout ce que vous pouvez pour les accommoder. Certains peuvent avoir besoin qu'on les laisse tranquilles; d'autres peuvent avoir besoin d'un peu de souplesse dans leur horaire, et d'autres encore peuvent avoir besoin de concessions temporaires, telles que la permission de pouvoir effectuer ou de prendre des appels personnels au travail, ainsi que le respect de leur vie privée.

- *Soyez réellement à l'écoute lorsque les gens vous parlent de leur vie personnelle.* Le simple fait de montrer aux employés que vous les avez entendus et que vous vous souvenez de ce qu'ils ont partagé avec vous démontre que vous vous souciez d'eux. Qu'il s'agisse de se souvenir de demander comment l'enfant d'un employé s'est débrouillé dans sa pièce de théâtre à l'école, ou de sympathiser lorsque l'équipe sportive préférée d'un employé perd, agissez en fonction de ce qu'il a choisi de partager avec vous.

- *Organisez des séances d'information sur l'heure du dîner qui portent sur des sujets concernant la vie personnelle des employés.* L'expertise externe est généralement heureuse d'organiser des sessions gratuites portant sur des questions telles que la planification de la retraite, la nutrition, l'éducation des enfants, etc., car cela leur permet de mieux se faire connaître et peut mener à des ventes ou des références futures. Sinon, profitez de l'expertise de vos employés. Que diriez-vous de dîners-causeries dans le but de partager leurs passe-temps ou leurs passions, que ce soit la courtepointe, les échecs ou la généalogie, avec leurs pairs?

- *Encouragez la décoration des espaces de travail personnels. Montrez l'exemple et incitez-les à afficher leurs photos et leurs objets personnels, tels que les dessins de leurs enfants, les souvenirs de vacances et, bien entendu,* les nombreuses et précieuses notes élogieuses, cartes de remerciement et certificats que vos collègues et vous — inspirés par la règle no 11 — leur avez offertes au cours des derniers mois!

- *Profitez pleinement de tout événement social organisé à la grandeur de l'entreprise.* Ces derniers pourraient être des journées « emmenez votre enfant au travail » ou « emmenez votre animal de compagnie au travail ». Vous pouvez vous-même organiser un barbecue ou une sortie cinéma d'équipe avec la famille ou les conjoints de vos employés.

Chacune de ces stratégies vous permettra de vous rapprocher de vos employés. Toutefois, une mise en garde importante s'impose : en apprenant à connaître la personne, vous risquez d'apprendre des détails intimes sur sa vie. Vous devez respecter la confidentialité de tout ce qu'un employé choisit de partager avec vous.

Il peut sembler évident que vous ne devez partager aucune information liée à la santé ou aux finances personnelles dont vous auriez connaissance. Vous ne pouvez toutefois pas présumer qu'il est permis de divulguer toute autre information qu'un employé partage avec vous. S'ils veulent que les autres membres de l'équipe sachent où ils prennent leurs vacances, ou que le chat de leur fille est malade, ou que leur partenaire fait partie d'une chorale, ils le leur diront eux-mêmes. En partageant des pépites de nouvelles ou d'information d'autrui, vous ne risquez pas tant de trahir la confidentialité et vous aurez l'air d'un potineux. Cela nuirait énormément à vos efforts pour établir la confiance.

Déterminez laquelle de ces stratégies fonctionne le mieux pour votre équipe, mais n'oubliez pas que, comme dans tous les bons lieux de travail, il ne s'agit pas de ce que vous faites, mais de comment et pourquoi vous le faites. N'oubliez pas que chacun des membres de votre équipe représente bien plus que ce que vous voyez au travail. Soyez sincères lorsque vient le temps de connaître tous les membres de votre équipe, respectez l'individualité de chacun, acceptez et célébrez les nombreuses différences qui rendent votre lieu de travail — et les personnes qui y travaillent — vraiment spécial.

FACTEURS CLÉS

○ La vie personnelle de chaque employé est parsemée d'inquiétudes, de joies, de stress et de rires, tout comme la vôtre. Respectez et appuyez chaque employé comme vous aimeriez que votre gestionnaire vous respecte et vous appuie.

○ Démontrez que chacun de vos collègues est bien plus qu'un « simple employé » grâce à vos paroles et à vos gestes.

○ Respectez la confidentialité de tout ce qu'un employé choisit de partager avec vous. Tout.

RÈGLE n° 13

FACILITEZ L'ÉQUILIBRE ENTRE LA VIE PROFESSIONNELLE ET LA VIE PERSONNELLE DE VOS EMPLOYÉS

LE TRAVAIL AFFECTE LA VIE PERSONNELLE DE TOUS les membres de votre équipe et vice-versa. Les gestionnaires de confiance font preuve de respect pour une personne à part entière en les aidant à équilibrer ces responsabilités trop souvent incompatibles. Cela réduit le risque de burnout et mène à une équipe plus dynamique et intéressante, motivée par des activités en dehors du travail et plus apte à se concentrer sur ses tâches.

Votre défi consiste à aider chaque employé à atteindre l'équilibre qui lui convient le mieux. Étant donné que chaque employé est un individu ayant des besoins et des circonstances personnelles uniques, une approche uniforme ne conviendra pas. En ce qui concerne l'équilibre entre la vie professionnelle et la vie privée, les gestionnaires se répartissent en trois catégories distinctes. Il y a ceux qui pensent que c'est d'une importance primordiale pour tout le monde, ceux qui pensent que c'est pour les mauviettes, et ceux qui sont quelque part entre les deux. Il est important que vous sachiez où vous vous situez, car, d'après mon expérience, l'attitude des gestionnaires en ce qui concerne la conciliation de la vie professionnelle et de la vie privée de leurs employés tend à refléter leur approche personnelle en la matière.

En d'autres termes, si vous travaillez dix-huit heures par jour en vous croyez que l'équilibre travail/vie personnelle est pour les losers, vous ne ferez pas de grands efforts pour atteindre cet équilibre. De même, s'il est important pour vous de nourrir votre chat chaque soir, ou de participer à une pratique de chorale, ou de lire une histoire du soir à vos enfants, vous êtes également susceptibles de soutenir votre collègue lorsqu'il désire atteindre l'équilibre des deux.

Personnellement, j'accorde une grande importance à l'équilibre entre vie professionnelle et vie privée, parce que je crois qu'il y a beaucoup plus que le travail dans la vie, et en partie parce que je crois que chacun fonctionne mieux quand il peut profiter d'un temps d'arrêt raisonnable. Il est difficile de soutenir de gros efforts plusieurs mois de suite.

Je reconnais cependant que certains employeurs exigent de longues heures de travail et que certains employés sont heureux de travailler ces heures. Ce qui est important en tant que gestionnaire, c'est que vous aidiez chacun de vos employés à atteindre l'équilibre qu'ils jugent raisonnable. Les problèmes ne surviennent que lorsqu'il y a une mauvaise harmonisation entre ce que nous estimons raisonnable et ce qui peut être réalisé.

Comprenez clairement les objectifs de chaque employé, expliquez ce que vous ou l'organisation attendez de cet employé et discutez de toute lacune ou tout décalage dans les attentes. Si les avantages d'un bon équilibre entre la vie professionnelle et la vie privée peuvent sembler évidents, ce n'est pas facile à réaliser dans tous les emplois et ce n'est pas tout le monde qui s'efforce de travailler plus de huit heures par jour. Tout se résume au « marché » que vous concluez avec votre employé.

Il y a quelques années, j'ai travaillé avec un client — une société de recrutement — qui était très bien cotée par ses employés dans tous les domaines sauf celui de l'équilibre travail/vie privée. Lorsque j'ai demandé aux employés de l'entreprise si la direction les encourageait à équilibrer leur vie professionnelle et leur vie privée, la plupart des employés ont répondu : « parfois oui et parfois non ».

J'ai exprimé mon inquiétude au propriétaire de l'entreprise, mais il avait un point de vue différent. Les longues heures de travail et les salaires substantiels sont un aspect de ce travail, a-t-il expliqué. « Nos recruteurs commencent tôt chaque matin et finissent tard afin de rencontrer les candidats en dehors des heures de bureau. Entre les deux, ils travaillent fort dans le but de placer ces personnes dans des postes convenables. Nous indiquons très clairement, lors des entrevues et à toute autre étape du processus de recrutement, qu'une semaine de soixante heures représente la norme. La plupart des recruteurs travaillent avec nous pendant environ sept ans et touchent un revenu considérable avant de nous quitter pour un emploi plus stable au sein des ressources humaines d'une autre entreprise — moins bien rémunéré, bien sûr. »

Mon travail avec ce client m'a permis de faire la connaissance d'un grand nombre de ses employés et j'ai découvert que ce qu'il m'avait dit était vrai. Toutes les nouvelles recrues ont été mises au courant des réalités de leur nouvel emploi : qu'elles pouvaient s'attendre à gagner un salaire supérieur à la moyenne pour un nombre d'heures de travail supérieur à la moyenne. Lorsque la vie personnelle d'un recruteur devenait plus importante qu'un gros chèque de paie, il passait à autre chose ou gravissait les échelons. Mon erreur a été de ne pas comprendre que, bien que les employés de mon client m'aient dit qu'ils n'étaient pas encouragés à équilibrer leur travail et leur vie personnelle, ils n'avaient pas indiqué qu'ils étaient mécontents de cela.

D'ailleurs, grâce à la participation de ses employés, cette société de recrutement a ensuite été reconnue comme le meilleur lieu de travail de son pays par *Great Place To Work*. Cet honneur prouve que l'obligation de travailler avec un horaire qui ne favorise pas la vie sociale à l'extérieur du bureau n'est pas un obstacle à la création d'un lieu de travail de haute confiance si l'organisation définit clairement et honnêtement ses attentes et donne à chacun une part équitable des récompenses méritées.

Ce ne sont pas tous les emplois qui facilitent l'équilibre vie professionnelle/vie privée, et ce ne sont pas tous les employés qui s'efforcent de travailler cinq jours, 40 heures par semaine. Beaucoup d'entre nous acceptent volontiers de consacrer des heures supplémentaires à un projet passionnant, ou pour respecter une échéance importante, ou encore pour répondre à une urgence ou une occasion inhabituelle. Les employés qui débutent dans leur carrière sont souvent heureux d'investir de longues heures de travail pour diverses raisons : pour mieux apprendre le travail, pour gagner plus d'argent, pour faire bonne impression, pour le plaisir ou pour l'accomplissement qu'ils retirent d'un projet stimulant. À d'autres moments, les employés peuvent vouloir réduire leurs heures de travail afin de consacrer plus de temps à d'autres choses qu'ils jugent importantes.

Comment un gestionnaire de confiance peut-il donc combiner l'atteinte des objectifs (la raison d'être de l'organisation) et le désir de favoriser un équilibre raisonnable entre le travail et la vie privée des employés?

Premièrement, il faut établir une distinction très nette entre les exigences fondamentales et l'effort facultatif. De plus, il faut s'assurer que tout le monde comprenne la différence. Le premier est obligatoire et la moindre des choses que vous pouvez exiger d'un employé pour qu'ils effectuent leur travail. En d'autres termes, c'est ça la job. L'effort facultatif consiste à se dépasser, à faire plus que ce qui est nécessaire pour répondre aux principales exigences du poste.

Aucun employé ne devrait se sentir contraint ou forcé de faire des heures supplémentaires régulièrement. La majorité des postes pourraient exiger de longues heures et un effort supplémentaire de la part de leurs employés, par exemple, afin de respecter une échéance ou de répondre à une demande accrue saisonnière. De plus, la plupart des employés se feront un plaisir de jouer leur rôle si cette hausse des attentes est raisonnable. Il est important de respecter la situation des employés qui ne peuvent pas exercer un effort facultatif important, et il est tout aussi important de reconnaître et de récompenser ceux qui le font. C'est la différence entre le fait de se sentir exploité et le fait de se sentir apprécié.

Deuxièmement, assurez-vous que les employés ne travaillent pas trop fort dans le seul but de faire bonne impression. Lorsque des personnes ambitieuses travaillent dans des organisations dynamiques, les employés auront toujours tendance à tenter de se faire remarquer en travaillant de longues heures ou, du moins, en étant présents à leur bureau pendant de longues heures. C'est l'un des plus grands défis en matière d'équilibre entre la vie professionnelle et la vie privée. Alors que ces tendances peuvent entraîner des avantages à court terme pour votre équipe, les avantages seront éliminés par des problèmes à plus long terme, tels que le burnout, la maladie, l'absentéisme, le roulement élevé du personnel, la mauvaise qualité du travail et le moral bas de l'équipe.

Il existe de nombreuses façons de décourager vos employés de se surmener au travail. Afin de démontrer votre respect sincère pour les responsabilités personnelles de votre équipe, essayez d'éviter de planifier des réunions en début de matinée ou en fin de soirée. Bien que ces réunions soient pratiques pour certains employés et puissent être très productives, elles peuvent créer des difficultés pour les parents, les aidants et les employés qui participent à des activités aux horaires rigides, comme le bénévolat ou des cours. C'est notamment le cas lorsque vous convoquez de telles réunions avec peu ou sans préavis. Si vous ne pouvez pas éviter les réunions tôt ou très tard, essayez de les prévoir et assurez-vous de les terminer à l'heure prévue.

Comme de nombreux gestionnaires, vous pouvez choisir d'envoyer et de répondre à des courriels en dehors des heures de travail. Il n'y a rien de mal à le faire si tout le monde comprend pourquoi vous le faites. Expliquez à votre équipe que cela convient à vos habitudes de travail, mais que vous ne vous attendez pas à ce qu'elle vérifie ou qu'elle réponde également aux courriels en dehors des heures de travail. De nombreux employés craignent que s'ils ne vérifient pas leurs courriels en dehors des heures de bureau, ils risquent de négliger une demande importante ou urgente de la part de leur boss. Une façon d'apaiser ces craintes est de promettre de les appeler si quelque chose d'urgent se présente.

Troisièmement, assurez-vous que vos employés se sentent à l'aise de demander un congé afin de s'occuper d'imprévus. Les recherches menées par *Great Place to Work* suggèrent que, puisque la responsabilité de répondre aux urgences familiales repose encore majoritairement sur les femmes, celles-ci recherchent davantage cette souplesse que les hommes. Elles sont donc moins susceptibles de demander un arrangement spécial lorsqu'elles sont confrontées à des circonstances inattendues.

Quatrièmement, soyez juste. L'équilibre travail/vie personnelle ne consiste pas uniquement à permettre aux parents de trouver un équilibre entre leurs responsabilités professionnelles et familiales. Ce ne sont pas tous les employés qui ont des enfants, et ces derniers ne méritent pas moins votre appui dans le but de trouver un équilibre travail/vie personnelle. Si vous accordez systématiquement la priorité aux employés qui ont des enfants au détriment de ceux qui n'en ont pas, la rancune risque de se manifester.

Les grands-parents peuvent avoir la garde d'enfants. Les employés s'occupent souvent de leurs parents ou même de leurs frères ou sœurs. Pour certains employés, un chien ou un chat malade est aussi inquiétant et un problème aussi grave qu'un enfant malade l'est pour d'autres. Un bon équilibre travail/vie personnelle est un objectif légitime pour tous. Prendre le temps de connaître la vie de chacun de vos employés vous aidera à vous familiariser à leur situation particulière.

Il y a quelques années, PepsiCo a mis en place une initiative, « One Simple Thing », afin d'aider les employés à maintenir un équilibre travail/vie personnelle. Dans le cadre de ce programme, les gestionnaires demandaient à leur équipe : « Quelle est la chose la plus simple qui vous aiderait le plus à équilibrer votre vie professionnelle et votre vie privée? » Certains employés décidaient que de quitter le bureau à une heure précise était « la réponse ». D'autres privilégiaient l'exercice physique ou les week-ends et les congés « sans courriels ». D'autres encore soulignaient l'importance de pouvoir aller chercher leurs enfants à l'école, ou d'apprendre une nouvelle compétence ou simplement prendre du temps pour eux. Une fois qu'un employé a décidé de sa « chose facile », son gestionnaire documente et vérifie son progrès. Il peut même récompenser les employés qui respectent le plan, dans le cadre des évaluations de rendement annuelles.

Cette initiative fonctionne à plusieurs niveaux. Elle reconnaît qu'il n'y a pas de solution unique et exige un engagement de la part du gestionnaire pour trouver de bonnes solutions uniques pour chaque employé. Par contre, c'est aussi une question de partenariat. Ce n'est pas uniquement au gestionnaire de « régler » l'équilibre entre le travail et la vie privée de ses employés, mais ce n'est pas non plus à chaque employé de trouver la façon d'atteindre cet équilibre. Les deux devraient plutôt travailler ensemble afin de trouver une solution qui convient à tout le monde.

Quoique One Simple Thing soit une initiative à l'échelle organisationnelle, vous pourriez probablement adopter un programme similaire pour votre équipe, car, dans la plupart des cas, la « chose facile » que les employés nécessitent est la flexibilité au niveau de leur horaire ou de leurs tâches de travail et la plupart des gestionnaires ont la possibilité de leur accorder cela.

La façon la plus efficace dont vous pouvez aider votre équipe à trouver un équilibre la entre vie professionnelle et la vie privée est peut-être de montrer l'exemple. Une organisation de services professionnels a lancé l'initiative des « vendredis d'été », qui permet aux employés d'effectuer cinq jours de travail en quatre jours et demi, puis de quitter le bureau à 13h le vendredi, et ce, tout au long de l'été. Le premier vendredi de l'été, la plupart des employés restaient l'après-midi, même s'ils avaient travaillé plus longtemps les quatre jours précédents. Le département des ressources humaines a réalisé que peu de leaders (des partenaires et des cadres) étaient partis tôt. Les employés ont donc jugé qu'il serait mal vu de partir le travail alors que leurs boss continuent de travailler. Le vendredi suivant, les RH ont encouragé les boss à partir à 13h, envoyant ainsi un message clair à tout le monde qu'il était acceptable de commencer leur week-end plus tôt.

Lorsque vous montrez par vos actes que vous prenez votre carrière au sérieux et que vous vous engagez à avoir une vie personnelle satisfaisante, vous autorisez effectivement vos employés à faire de même.

FACTEURS CLÉS

○ Encourager activement les employés à profiter pleinement des avantages offerts par votre entreprise, tels que les congés parentaux.

○ Certains emplois et certaines industries sont, de par leur conception, moins flexibles lorsqu'il s'agit d'aider les employés à trouver un équilibre entre leur vie professionnelle et leur vie privée. Si votre équipe tombe dans cette catégorie, soyez clair à ce sujet avec vos employés lors du processus d'embauche afin qu'ils sachent ce qui les attend.

○ L'équilibre travail/vie personnelle est nécessaire pour tous et non uniquement pour les employés qui ont des enfants.

RÈGLE n° 14

TRAITEZ TOUT LE MONDE ÉQUITABLEMENT

TRAITER VOS EMPLOYÉS DE MANIÈRE ÉQUITABLE n'est pas la même chose que de les traiter sur un pied d'égalité. Le traitement égal de vos employés signifie qu'ils sont traités de la même manière. Traiter vos employés de manière équitable signifie que vous traitez chacun d'entre eux de manière appropriée en fonction de la contribution qu'il apporte. Ils peuvent avoir des styles de travail, des compétences, des responsabilités personnelles et des objectifs différents. Cela signifie qu'ils accomplissent le travail de manière très différente et contribuent à différents niveaux.

La justification d'un traitement équitable de tous est simple : c'est la bonne chose à faire! De plus, les avantages sont nombreux. Le fait de traiter les gens de manière équitable permet d'accommoder et d'encourager la diversité au sein de l'organisation. Un environnement de travail équitable réduit les distractions dues à l'inégalité, à la politique et aux préjugés, et permet à chacun d'apporter une contribution maximale.

Traiter chacun de manière équitable implique une absence totale de discrimination fondée sur quelque motif que ce soit, dont le sexe, l'identité sexuelle, les capacités physiques, la religion, l'orientation sexuelle, le poids ou toute autre caractéristique personnelle. Heureusement, de nombreux pays disposent de législations qui rendent illégale toute discrimination fondée sur de tels motifs, et la plupart des organisations veulent respecter la loi.

Souvent, la raison pour laquelle nous ne traitons pas tout le monde équitablement est que, malgré notre conviction que nous ne discriminons pas, nos préjugés prennent le dessus. Quelle est la différence entre les préjugés et discriminations? Prenons l'exemple du sexe. Si votre ami vous dit que la personne qui a offert des soins infirmiers à l'hôpital a fait un excellent travail, vous pourriez vous imaginer qu'il s'agissait d'une femme. C'est un préjugé sexiste, puisque vous présumiez que ce travail serait effectué par une travailleuse. Par contre, si vous êtes le patient et que vous refusez de laisser un infirmier panser vos blessures, c'est de la discrimination sexuelle.

Il est probable que, comme la plupart des gens respectables, vous pensez que vous ne feriez jamais de discrimination à l'encontre d'un employé. Mais vous le faites. Nous le faisons tous. Chaque jour, nous portons des jugements et des évaluations rapides sur des personnes et des situations en nous basant sur de la fausse information et des stéréotypes qui sont le résultat de nos parcours, de notre environnement culturel et de nos expériences. Nous catégorisons et jugeons les gens avant même de nous en rendre compte. C'est la raison pour laquelle on appelle ces attitudes des biais cognitifs.

Ces préjugés peuvent être à l'avantage de certaines personnes, alors que d'autres en souffrent.

Par exemple, nous accordons certaines valeurs aux personnes en fonction de leur âge. Nous considérons souvent que les jeunes travailleurs ont plus d'énergie, de motivation et de capacité à apprendre et nous les jugeons peu fiables, susceptibles de prétendre être malades pour ne pas se présenter au travail, ou de partir « se découvrir » à l'autre bout du monde. De nombreux gestionnaires considèrent que les employés plus âgés sont plus expérimentés et plus fiables, mais qu'ils sont aussi plus rigides et plus lents pour s'adapter. Bien sûr, ces jugements ne sont pas toujours vrais. Chaque personne, jeune ou moins jeune, est différente.

Malheureusement, nous projetons sur les gens des valeurs et des attitudes basées non seulement sur les motifs « habituels » tels que l'âge ou le sexe, mais aussi sur leur nom, leur lieu de résidence, ce qu'ils portent, s'ils sont introvertis ou extravertis, et même la musique qu'ils aiment. La liste des biais cognitifs que la société entretient à l'égard des personnes handicapées pourrait remplir à elle seule un livre.

Avant de vous défendre en disant que même si vous comprenez comment d'autres personnes peuvent discriminer de cette manière, vous ne le feriez jamais... Ça ne vaut pas la peine. C'est ce que tout le monde dit! Il y a même un nom pour cela : le biais inconscient, par lequel nous reconnaissons les conséquences des préjugés sur le jugement des autres, tout en ne voyant pas l'impact des préjugés sur notre propre jugement.

Comment pouvez-vous surmonter les biais cognitifs? La réponse quelque peu banale est : « Avec beaucoup de difficulté ». Nos préjugés sont profondément ancrés et reflètent davantage le fonctionnement de notre cerveau et le pouvoir de notre subconscient que nos valeurs ou le respect que nous avons pour autrui. C'est pourquoi la conscience de soi est votre arme la plus efficace contre vos biais cognitifs. Soyez conscient du problème et acceptez qu'il existe, même si vous ne le percevez pas en vous-même. Restez vigilant. Lorsque vous vous retrouvez à projeter n'importe quelle valeur sur quelqu'un, arrêtez-vous et demandez-vous : « Comment puis-je savoir si c'est vrai? » À moins que vous ne disposiez de faits concrets à l'appui d'une hypothèse, éliminez-la.

Parfois, nous avons un parti pris en faveur des personnes qui sont « comme nous », c'est-à-dire des gens que nous accueillons plus rapidement, que nous comprenons mieux ou avec qui nous avons plus de choses en commun : les gens avec des enfants, les gens sans enfants, les animaux de compagnie, voyager. Peut-être que nous étions déjà amis avant de devenir des gestionnaires. De temps en temps, le parti pris mène au favoritisme, qui peut alors se concrétiser dans les décisions administratives que nous prenons, telles que la répartition des quarts de travail ou les meilleures affectations, ou pour de nombreux employés, dans l'épreuve décisive quant à l'équité sur le lieu de travail : le processus de promotion.

En général, les employés se présentent pour une promotion parce qu'ils croient la mériter et ça leur fait beaucoup de peine s'ils ne l'obtiennent pas. Ils veulent comprendre pourquoi ils ont été rejetés et ils cherchent quelqu'un ou quelque chose à blâmer. Le « quelqu'un » est habituellement soit la personne qui a obtenu la promotion, soit la personne qui la lui a offerte, soit les deux. La tendance naturelle de l'employé serait de prendre le « quelque chose » comme un préjugé contre eux ou en faveur de l'autre personne.

Soyez rigoureusement équitable lors de la sélection des employés à promouvoir et communiquer clairement les raisons pour lesquelles vous avez promu le candidat retenu. Sinon, les gens se rabattent sur les excuses faciles : vous jouez au golf avec eux; vous déjeunez avec eux; vos enfants vont à la même école; vous êtes voisins; peu importe. Cette réaction est tout à fait compréhensible. Elle vient de la déception, et quand nous sommes déçus, nous regardons souvent ailleurs que chez soi pour comprendre les raisons de nos échecs.

Lorsque vous promouvez la meilleure personne pour l'emploi, vous récompensez le talent et les efforts individuels, vous stimulez le moral de l'équipe et vous renforcez votre réputation de gestionnaire compétent et juste. Placer quelqu'un d'autre que la meilleure personne dans un poste quelconque sera très dommageable pour l'employé qui n'a pas été choisi, sans parler de l'effet sur le moral, le rendement et les résultats de votre équipe, ainsi que des conséquences importantes quant à votre réputation personnelle. De plus, si le candidat promu sait au fond de lui qu'il n'était pas vraiment le meilleur candidat, vous ne gagnerez même pas son respect.

La plupart des employés accepteront le fait de ne pas avoir eu la promotion et trouveront que vous les avez traités de façon équitable si vous leur offrez un feedback honnête et constructif. Pourquoi ne l'ont-ils pas obtenu et comment pourraient-ils améliorer leur rendement pour se donner de meilleures chances la prochaine fois? Votre feedback devrait se concentrer sur les raisons, les propos rassurants et la réorientation, au besoin.

- Les raisons. Pourquoi l'employé n'a-t-il pas été promu? Partagez les raisons honnêtement mais sensiblement. Discutez des compétences et de l'expérience que vous recherchiez pour le poste ainsi que les raisons pour lesquelles vous avez choisi quelqu'un d'autre, et ce, tout en respectant la confidentialité. Concentrez-vous sur le positif. Parlez plutôt des aptitudes et des attributs que l'employé peut développer que de ses lacunes. Assurez-vous que cette réunion est bien une conversation et non une déclaration. Leur dire simplement pourquoi ils n'ont pas obtenu la promotion peut sembler plus facile, mais il est préférable de les aider à comprendre pourquoi ils n'étaient pas prêts pour ce poste.

- Les propos rassurants. Énumérez les contributions qu'apporte cette personne à l'équipe. Chacun veut savoir qu'il est apprécié et que sa contribution est reconnue. Sinon, pourquoi feraient-ils autre chose que le minimum d'effort au travail? Rassurez-les en leur disant qu'ils sont un membre important et précieux de l'équipe.

- La réorientation. Si vous croyez que l'employé a le potentiel nécessaire pour progresser au sein de votre équipe ou dans l'organisation dans le futur, dites-le. S'ils sont allés aussi loin qu'ils le peuvent au sein de votre équipe, par contre, il est temps pour eux de se réorienter. S'ils sont coincés dans un cul-de-sac professionnel, ils méritent de le savoir. Bien que vous ne puissiez leur offrir d'autres possibilités d'avancement, vous voyez peut-être des occasions pour eux d'avancer en dehors de votre équipe, ou peut-être en dehors de votre organisation. Discutez de ces possibilités. Aucune organisation ne peut offrir un potentiel d'avancement illimité à tout le monde. Votre employé peut très bien avoir déjà compris tout cela car, au fond, la plupart d'entre nous connaissent nos limites. Parfois, nous avons simplement d'entendre la vérité de la part de quelqu'un d'autre pour nous inciter à agir.

Bien entendu, la perception de l'équité commence bien avant qu'une possibilité de promotion ne soit offerte. Votre responsabilité consiste à gérer les attentes et le perfectionnement de chaque employé. Aidez ceux qui peuvent avancer à comprendre ce qu'ils doivent faire pour y arriver. Aider ceux qui ne sont pas capables d'avancer à explorer s'ils pourraient réussir davantage ailleurs ou dans des fonctions différentes. Chaque employé mérite un soutien égal de votre part quant à l'orientation de leur carrière.

Les perceptions d'injustice dans le processus de promotion sont importantes, et elles peuvent amener un employé enthousiaste et engagé à se désengager et à éprouver de l'amertume. Pire encore, ils peuvent provoquer la baisse de motivation de toute l'équipe. Mais si les employés estiment que le système est équitable pour tous, ils se présenteront au « concours » de promotion avec plus de confiance et moins d'inquiétude quant au résultat, sachant que vous les traiterez équitablement.

Enfin, n'oubliez pas que plus vous vous assurez de l'équité de toutes vos décisions administratives (pas seulement des promotions), plus les gens autour de vous auront confiance en votre objectivité, et plus ils seront susceptibles de vous accorder le bénéfice du doute lorsque vous prendrez une décision qui pourrait déranger certains membres de votre équipe.

FACTEURS CLÉS

○ Les perceptions sont la réalité. Il ne suffit pas d'être équitable; il faut toujours être perçu comme tel. Pour un employé, si quelque chose lui semble injuste, c'est injuste.

○ Ceux qui ont le moins de pouvoir relatif sont plus susceptibles de subir de la discrimination et moins susceptibles d'avoir la confiance ou l'énergie pour se défendre ou pour demander de l'aide à ce faire. Soyez attentifs au moindre indice de discrimination ou de préjugés inconscients et soyez prêts à intervenir pour les éliminer.

○ Il est plus facile de traiter les gens de façon égale que de manière équitable. Soyez courageux et faites la distinction entre les deux. Comme Thomas Jefferson a supposément dit : "Rien n'est plus inéquitable que le traitement équitable des personnes inéquitables".

RÈGLE n° 15

FAITES CE QUE VOUS ÊTES PAYÉ À FAIRE

IL EST ESSENTIEL D'ÊTRE COMPÉTENT DANS VOTRE travail afin de créer un climat de confiance avec vos employés. Vos employés peuvent vous apprécier, ils peuvent apprécier vos intentions et ils peuvent vouloir vous faire confiance, mais ils ne vous feront tout simplement pas confiance si vous ne pouvez pas faire le travail pour lequel vous êtes payé.

Votre équipe doit également *croire* que vous êtes compétent, et pour cela, vous devez constamment le démontrer. Ce n'est que lorsque vos employés vous jugeront compétents qu'ils seront prêts à faire confiance à vos décisions et à vous suivre, en particulier si vous essayez de les guider en période de changement ou d'incertitude.

Chacun de vos employés a une opinion sur votre compétence. Ils y sont parvenus avec peu ou sans réflexion consciente. Leur évaluation englobe tout ce que vous faites avant qu'un nouveau membre ne rejoigne l'équipe et après son départ, ainsi que tout ce qui se trouve entre les deux. Cela se résume essentiellement à un feeling. Aucune preuve n'est fournie, aucune possibilité de se défendre, aucune cour d'appel. Personne n'a dit que la gestion était facile!

De nombreux livres ont été écrits sur la bonne gestion, mais voici un aide-mémoire : élaborer une vision; élaborer un plan de réussite; et gérer.

- Élaborer une vision commune. Inspirez-vous des valeurs et de la vision de l'organisation pour aider à créer un sens clair de l'orientation de votre équipe. Soyez à l'écoute. Demandez l'avis de tous les membres de votre équipe et envisagez soigneusement ce qu'ils vous disent. Soyez encore plus à l'écoute. Seules les visions communes inspirent et attirent un appui continu.
- Élaborer un plan de réussite. Déployez vos ressources et votre équipe de manière efficace. Le point de départ, c'est de connaître votre équipe. Apprenez à connaître les forces et les faiblesses de chaque personne et confiez-lui des responsabilités de manière à ce que chacune d'entre elles puisse relever des défis sans qu'elle soit surchargée. La frontière est mince entre une charge de travail raisonnable et une charge

de travail impossible à réaliser. Un gestionnaire compétent sait faire la différence.

- Gérer. Veillez à ce que chaque membre de votre équipe accomplisse ses tâches. Attendez-vous à ce que vos employés soient compétents et tenez-les pour responsables de la qualité de leur travail. Votre équipe ne vous remerciera pas lorsque vous vous excuserez d'un mauvais rendement, car cela augmente leur propre charge de travail. Si un employé n'est pas performant, cela pourrait révéler une charge de travail déraisonnable, un manque de compétences, un besoin de formation, un manque d'intérêt ou d'engagement, ou encore une mauvaise décision de recrutement. Vous n'aviez peut-être pas participé au processus de recrutement pour cette personne — les employés « hérités » sont une réalité dans presque tous les postes de direction — mais vous êtes maintenant le gestionnaire. Vous en êtes donc entièrement responsable.

Si vous êtes parfois dépassé par ce que requiert un gestionnaire compétent, vous n'êtes pas seul. La gestion est une aventure vers la compétence, et nous en faisons tous partie. N'oubliez pas que le contraire de « compétent » n'est pas toujours « incompétent ». Des fois, le contraire est plutôt « non compétent » et il y a toute une différence entre les deux. « Incompétent » insinue un échec lamentable — une incapacité à effectuer le travail, tandis que « non compétent » laisse simplement entendre que vous y arriverez éventuellement. Ne lâchez pas. Il n'est pas nécessaire d'être un génie pour être un excellent gestionnaire, parce qu'en matière de compétence, être « assez bon », c'est assez bon.

FACTEURS CLÉS

○ Élaborer une vision commune pour votre équipe en leur demandant leur avis.

○ Déployez votre équipe efficacement. Permettez à chacun des membres de relever des défis sans les surcharger de travail.

○ Tenez vos employés pour responsables de leur compétence. Exprimez votre soutien tout en vous assurant que chacun exécute ses tâches.

AMUSEZ-VOUS ENSEMBLE

VOTRE BOSS EST QUELQU'UN DE DÉSAGRÉABLE. Il vous ment et ne tient même pas ses plus petites promesses. Pas plus tard que la semaine dernière, vous avez appris qu'il vous a refusé une promotion pour laquelle vous avez travaillé fort et tout le monde sait que vous la méritiez. Il n'a même pas encore eu la courtoisie de vous l'apprendre directement. Pas étonnant que vous vous en méfiiez profondément... Comme la plupart de vos collègues.

Par contre, tout pourrait être sur le point de changer. Votre boss a un plan. Il a décidé que la journée d'aujourd'hui serait le « mercredi fou », une initiative décrite dans son courriel envoyé au groupe comme étant « une journée amusante, loufoque et super folle, où tout est possible ». Il espère remonter le moral et aidera l'équipe à se rapprocher.

Il est maintenant mercredi, 9h05 du matin. Vous êtes déjà au travail et très concentré. Vous êtes arrivé tôt ce matin afin de finaliser une proposition urgente. Vous ressentez la présence de quelqu'un qui se tient debout près de votre bureau — un clown multicolore, debout au-dessus de vous, avec un grotesque sourire sur son visage blanc comme de la craie. Il vous chatouille le menton avec un plumeau de couleur vive alors qu'il inspire fortement du réservoir d'hélium qui repose sur le sol à côté de lui. « Go, équipe! Go, équipe », crie-t-il frénétiquement, encore et encore, lorsqu'il vise les papiers qui reposent sur votre bureau et les arrose avec son tournesol de clown qui envoie des jets d'eau.

Fou!

Vous amusez-vous?

Partout, les gestionnaires ont du mal avec le concept du « fun au travail ». Certains considèrent que c'est enfantin, ridicule, peu professionnel et aussi une perte de temps. Ils émettent des commentaires tels que : « Les gens sont là pour travailler ; nous ne sommes pas à la maternelle ». D'autres craignent que cela devienne incontrôlable.

Par contre, lorsqu'il s'agit de s'amuser au travail, rien ne saurait être plus éloigné de la vérité.
Le plaisir au travail, c'est tout simplement *la liberté d'être*

soi-même. C'est de savoir que vos collègues vous acceptent comme tel et que vous acceptez vos collègues au même titre. C'est le rire quand on est heureux et la consolation lorsqu'on rencontre un obstacle. C'est la joie quand on fait la fête et une façon de se défouler pendant les sales journées. C'est un moyen de réduire l'ennui pendant les moments tranquilles et d'offrir un moyen de déstresser lorsque nous sommes sous pression. Il favorise l'esprit d'équipe, et il révèle l'esprit qui est déjà là. On s'amuse quand on est avec des gens qu'on aime.

Le plaisir au travail est un élément essentiel de tous les bons lieux de travail et est étroitement lié à la confiance. Lorsque vous rencontrez des travailleurs qui s'amusent vraiment sur leur lieu de travail, vous savez que vous avez trouvé une équipe au niveau élevé de confiance. Les employés qui sont fortement d'accord pour dire qu'ils s'amusent au travail sont également très susceptibles d'être convaincus que, compte tenu de tout, leur lieu de travail est formidable. Il existe également une corrélation similaire entre le plaisir et l'efficacité du recrutement, le roulement du personnel, la camaraderie et le travail d'équipe. Bien que nous sachions avec certitude que le plaisir et la confiance sont étroitement liés, les données ne prouvent pas si le fait de s'amuser entraîne une confiance accrue, ou si une confiance accrue entraîne ou permet de s'amuser.

Selon moi, un peu des deux.

Le plaisir ne contribue pas à la confiance... Pas de manière significative, du moins. Le plaisir est ressenti grâce à la confiance qui règne déjà, le plaisir renforce la confiance puisqu'il permet l'équipe de se rapprocher. Il signale que nous sommes bien ensemble, que nous nous entendons bien, que nous pouvons prendre quelques minutes pour nous amuser sans avoir à craindre le jugement ou les critiques. Cette liberté-là n'existe pas dans les lieux de travail au niveau de confiance faible.

Le plaisir signifie quelque chose de différent pour chacun et le plaisir au travail n'est point différent. De même, le désir de s'amuser varie d'une personne à l'autre, de sorte que les gestionnaires de confiance trouvent des moyens de s'amuser au travail qui conviennent aux employés individuels, à leur équipe et à leur organisation. Le type d'industrie ou de secteur d'activité influence la façon dont les employés s'amusent et le moment choisi pour le faire. Par exemple, les directeurs de funérailles peuvent être plus discrets dans la manière dont ils s'amusent au travail que les employés d'une microbrasserie ou d'une jeune entreprise de technologie.

L'âge de votre équipe joue également un certain rôle. Une étude publiée par Businessinsider.com a révélé que même si près de 90 % des jeunes travailleurs souhaitent avoir un « environnement de travail amusant et social », seulement 60 % des employés âgés de 50 ans et plus le veulent. Cette même étude a révélé que 71% des jeunes salariés veulent que leurs collègues soient leur « deuxième famille ». En revanche, les employés plus âgés entrent pour la plupart à la maison et rejoignent leur famille à la fin de chaque journée de travail; ils ont une vie sociale plus ancrée et peuvent préférer garder leur vie personnelle et leur vie professionnelle séparées. Le bowling après le travail est bien sympa quand on n'a rien de planifié et peu de responsabilités. L'activité devient moins intéressante dès qu'on a la possibilité de border ses enfants après leur avoir lu une histoire au coucher.

Voici quelques idées et suggestions pratiques qui vous aideront à encourager un sentiment de plaisir sur votre lieu de travail :

- Laissez aller les choses un peu. Il est acceptable d'organiser des événements en espérant qu'ils seront amusants, mais nous trouvons certains des meilleurs moments de plaisir au travail dans les activités quotidiennes et routinières : un commentaire amusant; une histoire drôle et racontée de manière spontanée; se tromper de nom ou confondre les mots; partager des souvenirs ou des photos... du plaisir simple. Laissez aller les choses en montrant que, lorsque cela se produit, il n'y a aucun problème.
- Montrer par exemple. Montrez que vous êtes heureux que votre équipe s'amuse au travail en vous

joignant à elle. Souriez. La désapprobation peut être communiquée de manière non verbale, tout comme l'approbation. Encore mieux, prenez les devants et commencez à vous amuser de temps en temps si vous pouvez le faire de manière authentique. Si cela ne vous vient pas naturellement, n'essayez pas de faire semblant. Vous ne pouvez pas feindre l'amusement.

- Apprenez le bon moment pour s'amuser aux autres. Un bon lieu de travail est avant tout un lieu de travail. Le plaisir au travail est un équilibre délicat entre exécuter les tâches pour lesquelles vous êtes payé et s'amuser tout en les faisant. Ce n'est pas tout le monde qui comprendra instinctivement qu'il s'agit d'abord de travailler, puis s'amuser. Pour des raisons compréhensibles, les jeunes employés et les employés moins expérimentés peuvent parfois avoir du mal à trouver le bon équilibre entre le travail et les loisirs. Aidez-les à mieux comprendre le moment où ils peuvent jouer et celui où ils doivent garder la tête baissée en leur offrant discrètement du coaching, comme vous le feriez dans n'importe quel autre contexte.

- Fixez des limites. Il est important d'avoir des frontières. L'inacceptable n'est jamais acceptable, même pour le plaisir... Surtout quand c'est pour le plaisir. Qu'il s'agisse d'une blague, d'une remarque banale ou d'une discussion de bureau, le bon goût et les normes acceptées doivent s'appliquer. Le plaisir n'est amusant que s'il l'est pour toutes les personnes concernées. Adoptez une politique de tolérance zéro, mais faites preuve de sensibilité. Un mot discret suffira souvent pour garder les choses sous contrôle.

- Organisez des événements et non du fun. Lorsque vous organisez une rencontre avec vos amis pour un brunch dominical, vous inscrivez « brunch » dans votre calendrier. Vous vous attendez à vous amuser, mais vous n'écrivez pas « fun » (dites-moi que vous ne le faites pas!). C'est la même chose au travail. Prévoyez du café et des beignets pour le lundi matin et ce sera sans doute une activité amusante. Des discussions légères, prendre des nouvelles, une dose de sucre, une dose de caféine, planifier des rassemblements, rire ensemble... Par contre, invitez votre équipe à un événement « beignes et fun » et vous mangerez probablement tout seul. Rien n'effraie autant les gens normaux que le plaisir organisé.

- Amusez-vous avec un but. Faites quelque chose de bien en équipe et amusez-vous en le faisant. Faites du bénévolat. Emballez des articles d'épicerie pour une œuvre caritative. Peignez l'intérieur ou l'extérieur d'une école. Allez chanter des chants de Noël ou joignez-vous à une marche de collecte de fonds. Mettez-vous en forme collectivement. Allez ramasser des déchets. Apportez de l'aide à un refuge pour sans-abri. Bref, amusez-vous et faites quelque chose de bien.

- Organisez des activités variées. Il n'y a pas de modèle universel. Plus votre équipe est diversifiée, plus il est difficile de trouver des activités qui rendent le travail amusant pour tout le monde. Demandez des idées et découvrez ce qui fonctionne. Expérimentez. Voyez comment différentes personnes réagissent à différentes activités et adaptez les événements futurs en conséquence. Il n'est pas nécessaire que tous les employés participent à toutes les activités, mais ne laissez pas votre équipe se diviser en groupes qui ne socialisent qu'entre eux, c'est-à-dire, les jeunes travailleurs dans un camp et les moins jeunes dans un autre. Les groupes sociaux peuvent se transformer en cliques et ce n'est bon ni pour le travail ni pour l'esprit d'équipe.

- Le plaisir au travail est une question d'attitude, un état d'esprit qui permet aux gens de se rapprocher et de tisser des liens. Beaucoup de vos employés passent plus de temps à travailler que pour n'importe quelle autre activité. Ils passent probablement plus de temps avec leurs collègues qu'avec leurs amis, ou peut-être même leur famille. S'ils ne peuvent pas être eux-mêmes au travail, ils passent beaucoup de temps à faire semblant d'être quelqu'un d'autre.

Soyez vous-même et permettez-leur de le faire également. Surtout, amusez-vous ensemble.

FACTEURS CLÉS

○ Le plaisir au travail, c'est tout simplement la liberté d'être vous-même au travail. C'est de savoir que vos collègues vous acceptent comme tel et que vous acceptez vos collègues au même titre.

○ Le plaisir est efficace parce que c'est naturel et non forcé. Nous trouvons certains des meilleurs moments de plaisir au travail dans les activités quotidiennes et routinières. Démontrez votre approbation et laissez aller les choses un peu.

○ Un excellent lieu de travail au niveau élevé de confiance est un excellent lieu... de travail. Si un employé semble avoir de la misère à trouver l'équilibre entre le travail et le plaisir, n'hésitez pas à intervenir.

ET MAINTENANT?

Des dizaines de milliers de gestionnaires de premier plan dans le monde entier prouvent chaque jour que les seize règles fonctionnent. Elles fonctionneront pour vous, aussi. Cela arrive subtilement : un peu plus d'effort par-ci, un peu plus de réflexion par-là, une petite mise au point un jour et une approche légèrement différente un autre. Rien de tout cela n'est très perceptible jusqu'à ce qu'un jour... vous deveniez un meilleur gestionnaire et une meilleure personne, à la tête d'une meilleure équipe. Bien sûr, vous devenez également un chef d'équipe plus heureux. La joie fait partie des bénéfices. Voici quelques suggestions sur la manière de gérer votre changement :

Rappelez-vous votre nom

Vous avez deux noms. Le nom qui vous a été donné à la naissance et le nom que vous vous faites au cours de votre vie. Vous n'aurez jamais une meilleure occasion de vous faire un nom en tant que gestionnaire de confiance. Allez-y.

Cherchez ce qui vous convient

Pensez aux règles comme une source d'inspiration. J'ai essayé de me concentrer sur les ingrédients plutôt que sur les recettes, avec l'intention de trouver la bonne façon de les combiner pour obtenir le meilleur résultat. Trouvez et adoptez les règles qui sont adaptées à la culture de votre équipe. Si elle ne semble pas convenir à votre équipe ou à votre organisation, ce n'est probablement pas pour vous.

Il est également important que les règles vous conviennent en tant qu'individu. N'essayez pas d'adopter des comportements qui, au fond, ne correspondent pas à votre personnalité ou à votre style de travail. Je ne veux pas dire que vous n'avez rien à changer, mais vous ne pouvez être un excellent gestionnaire que si vous vous sentez bien dans votre peau et dans votre travail. Vous ne pouvez faire en sorte que votre équipe soit à l'aise et se sente acceptée seulement si vous vous sentez à l'aise et en mesure d'être vous-même.

Créez un plan d'action « Arrêter − Commencer - Continuer »

Relisez les seize règles et lorsque quelque chose vous interpelle, prenez-le en note sur une des trois listes suivantes :

- Arrêter : Si un aspect de votre comportement est en contradiction avec ce que font les meilleurs gestionnaires, ou si ce que vous faites ne fonctionne tout simplement pas, songez à arrêter cela.

- Commencer : Lorsque vous avez envie de changer un comportement existant ou d'essayer une nouvelle idée ou initiative, incluez-la dans cette liste de choses que vous voulez commencer à faire (ou commencer à faire différemment).

- Continuer : Lorsque vous lisez une règle et réalisez que vous êtes satisfait de ce que vous faites dans ce domaine, ou que vous reconnaissez quelque chose qui fonctionne bien actuellement, ajoutez-le à la liste des choses que vous devriez continuer à faire.

Ces listes constitueront la base de votre plan d'action. Comme tout bon plan, vous réviserez périodiquement et réviserez au besoin. Assurez-vous de bien documenter les comportements et les attitudes positives qui figurent sur votre liste « Continue ». Vous aurez besoin de cette liste pour vous rappeler vos nombreux points forts lorsque vous subissez des revers ou que vous vous découragez, comme ce sera inévitablement le cas. Soyez juste envers vous-même et assurez-vous que cette liste reflète pleinement ce que vous faites bien.

Voir grand, petit à petit

S'il vous plaît, n'essayez pas de provoquer un changement de personnalité chez soi! Premièrement, ce n'est pas nécessaire; vos comportements et gestes courants ont besoin de petits ajustements, et non d'être complètement remaniés. Deuxièmement, les gens n'aiment pas le changement — même des changements qui pourraient éventuellement leur être bénéfiques — si ce changement est trop radical, inattendu ou inexpliqué. Outre le fait qu'ils dérangent les gens qui vous entourent, les grands changements sont très difficiles à maintenir sur une période prolongée. Un tel changement a tendance à s'essouffler aussi vite qu'il a commencé; pensez simplement aux résolutions du Nouvel An!

Choisissez plutôt une chose de votre liste et faites-le bien. Concentrez tous vos efforts sur ce point. La règle générale, c'est qu'il faut trente jours pour prendre une habitude et trente jours pour en perdre une. Essayez donc un plan annuel en douze étapes où chacune de ces étapes dure un mois et concentrez-vous sur un but, c'est-à-dire un seul élément que vous voulez soit arrêter, soit commencer, soit changer. Si, à un moment donné, vous subissez un échec ou vous vous sentez dépassé, consultez votre liste « Continue » pour vous rappeler toutes les choses que vous faites déjà magnifiquement.

Planifiez chaque mois, visualisez chaque jour

Prenez en note le but de ce mois. Décrivez exactement comment vous prévoyez vous comporter et comment tout le monde en profitera. Voici un exemple :

« But : Je serai plus à l'écoute. Comment : Je parlerai moins et j'écouterai plus. Je vais accorder toute mon attention, garder un bon contact visuel et montrer que je suis à l'écoute. Avantages : Je comprendrai mieux mon équipe et ils sauront que j'apprécie et valorise leurs points de vue et leurs opinions. »

Prenez quelques minutes pour le lire chaque jour. Faites-le apparaître sur votre téléphone ou votre ordinateur pour vous le rappeler plusieurs fois dans la journée. Sinon, placez des notes post-it dans des endroits stratégiques. Soyez discret par contre; vous ne voulez pas que d'autres personnes voient ces notes. Votre rappel peut consister d'un seul mot qui vous aidera à vous souvenir de l'objectif au complet. Par exemple, si vous travaillez sur l'objectif d'écoute ci-dessus, votre rappel pourrait être : « Écoute », ou peut-être « 2 : 1 », un message plus codé signifiant que vous avez deux oreilles et une bouche, et que vous devez vous souvenir de les utiliser selon cette proportion.

Réfléchissez chaque jour

Réservez cinq minutes chaque jour pour réfléchir à votre progrès vers la gestion de confiance. Si possible, fixez la même heure chaque jour - par exemple, tôt le matin ou pendant votre trajet du soir - afin que cela fasse partie de votre routine habituelle. Si vous travaillez à changer un comportement spécifique, demandez-vous : « Est-ce que je réussis? Des réussites? Des échecs? Dois-je adapter ma démarche? Mon initiative affecte-t-elle mon équipe? Comment le saurais-je? Ont-ils l'air plus heureux? Sont-ils plus performants et réalisent-ils un travail de qualité? Comment tout cela m'affecte-t-il personnellement? Suis-je plus heureux? Est-ce que je marche la tête haute? Sinon, pourquoi pas? »

Tenez un journal intime

Si vous voulez prendre le temps de planifier, de visualiser et de réfléchir, pourquoi ne pas aller jusqu'au bout et tenir un journal intime? Notez vos succès et vos échecs, ainsi que vos réflexions sur les raisons pour lesquelles les choses se sont si bien ou si mal passées. Vous y retrouverez un témoignage fascinant de votre parcours vers la gestion de confiance et une source d'encouragement lorsque vous êtes bloqué, puisque c'est parfois le cas.

Cherchez du soutien

Le changement peut être difficile. Certaines personnes aiment mener leur combat seules. D'autres préfèrent une oreille attentive et de l'encouragement. Aimeriez-vous partager vos projets avec un collègue ou un ami de confiance? Si vous avez un mentor, formel ou autre, songez à partager vos listes « Commencer – Arrêter - Continuer » avec lui et à lui demander un feedback honnête. Quand les choses se corseront, ils vous rappelleront pourquoi vous faites cela; leur soutien et leur encouragement vous seront d'une valeur inestimable pour vous aider à prendre de nouvelles habitudes et à adopter de nouveaux comportements.

Faites preuve de patience

Ce n'est pas parce que vous changez quelque chose que tous les autres le feront. Si vos employés ne sont pas accoutumés à se faire poser des questions sur leur vie personnelle, vous ne pouvez pas vous attendre à une réponse détaillée la première fois que vous leur demandez ce qu'ils ont fait pendant le week-end. Aussi, si vous n'avez jamais vraiment demandé aux employés leurs suggestions sur des questions liées à l'emploi, ne soyez pas surpris s'ils mettent du temps à se confier. Ne lâchez pas, par contre. La récompense en vaudra la peine.

« Pourquoi », et non « Quoi »

Ce qui importe le plus pour les gens, ce n'est pas ce que vous faites pour eux, mais la raison pour laquelle vous le faites. Ce ne sont pas vraiment les beignets du lundi matin qu'ils apprécient, mais plutôt que vous vous soyez arrêté pendant votre trajet matinal pour les acheter. Un simple petit rappel.

Tout gestionnaire peut être un excellent gestionnaire

Nous avons commencé ce livre avec une simple déclaration : les gestionnaires sont importants. Vous savez maintenant ce que les meilleurs gestionnaires du monde font que les autres ne font pas, et vous savez pourquoi ils le font. Rejoignez-les. Vous pouvez devenir un excellent gestionnaire de confiance. C'est à votre tour.

LECTURES RECOMMANDÉES

The Great Workplace: How to Build It, How to Keep It, and Why It Matters, par Michael Burchell et Jennifer Robin

The Speed of Trust: The One Thing that Changes Everything, par Stephen M. R. Covey

The Trustworthy Leader: Leveraging the Power of Trust to Transform Your Organization, par Amy Lyman

No Excuses: How You Can Turn Any Workplace into a Great One, par Jennifer Robin et Michael Burchell

Make Their Day! Employee Recognition that Works, par Cindy Ventrice

The Decision to Trust: How Leaders Create High-Trust Organizations, par Robert F. Hurley

REMERCIEMENTS

Commençons le tout début. Nous aimerions remercier Robert Levering pour ses recherches innovantes sur la façon dont les meilleurs lieux de travail au monde le sont devenus et sur les raisons pour lesquelles ils font ce qu'ils font. Robert a très vite compris que toute organisation pouvait devenir un lieu de travail formidable, et il a consacré une grande partie de sa vie professionnelle à répandre ce message, même lorsqu'il n'était ni populaire ni rentable de le faire.

Chez *Great Place To Work*, nous avons eu le privilège de collaborer avec des leaders très inspirants et nous sommes particulièrement reconnaissants envers Jose Tolovi Jr. pour son encouragement alors que ce livre n'était que le germe d'une idée. Merci à Michael Bush, aussi, d'avoir exprimé une vision pour un *Great Place To Work* pour TOUS; un lieu dans lequel TOUT LE MONDE peut s'inspirer peut réaliser son plein potentiel.

Merci à nos nombreux collègues fantastiques à travers le monde de votre enthousiasme et votre dévouement à notre mission de créer un monde meilleur, un lieu de travail à la fois. Merci également pour votre sagesse, vos conseils, votre soutien et votre amitié. Surtout votre amitié.

Merci aux innombrables gestionnaires, employés et organisations du monde entier qui ont partagé leurs expériences, leurs opinions et leurs points de vue au fil des ans, ce qui nous a permis de mieux comprendre l'impact de la confiance sur le lieu de travail. Sans vous, ce livre n'existerait pas! Il faut beaucoup plus de travail et de souci du détail pour réaliser un livre que nous ne l'avions imaginé. Nous sommes reconnaissants pour les encouragements, le soutien et les conseils de Genoveva Llosa, ainsi qu'à l'équipe fantastique chez Girl Friday Productions, y compris Paul Barrett pour son design superbe et, surtout, Karen Upson pour avoir rassemblé le tout avec joie et efficacité. Merci également à Gisèle Chacon Nessi pour son sens aigu du design et pour ses conseils inestimables.

De la part de Bob : Je remercie mon défunt père, Paschal, d'avoir encouragé ma curiosité, et ma mère, Ann Lee, d'avoir nourri mon amour pour la lecture et mon appréciation obsessionnelle pour une apostrophe placée correctement. Merci à mes enfants, Kathy Stephen, Lily et Maria, qui sont mes fans numéro un et qui m'ont aidé à garder les pieds sur terre. Surtout, merci à mon épouse, Eileen Devlin, pour son soutien inébranlable, sa patience infinie et son feedback toujours honnête. Plus que jamais, le monde a besoin de gens qui disent la vérité.

De la part de Jose :

Des remerciements très particuliers à :

Mes parents, Wania et Jose Tolovi Jr, de nous avoir élevé en suivant plusieurs des seize règles, et ce, des décennies avant qu'elles ne soient écrites.

Mes filles, Gaby et Julia, pour les leçons que vous m'apprenez chaque jour.

La personne la plus incroyable que je connaisse, Priscila, ma partenaire dans la vie. Tu es une véritable superhéroïne : une excellente mère, une professionnelle extraordinaire et ma meilleure amie.

Enfin, merci à Bob d'avoir organisé les 16 règles, pour sa persévérance et ses encouragements qui ont conduit à l'élaboration de l'édition canadienne du livre.

NOTES

SOURCES

Une note sur les données et les conclusions de l'enquête à l'origine de Les Règles de confiance : les seize règles sont fondées sur les réponses de presque deux millions d'employés de quatre-vingts pays et sur le sondage de l'indice de confiance *Great Place to Work*.

L'indice de confiance est le point de départ pour les organisations qui désirent bâtir un meilleur lieu de travail. C'est l'un des sondages d'employés les plus utilisés dans le monde avec plus de 6000 organisations qui s'en servent chaque année. Le sondage compile les opinions et les expériences d'environ 12 millions d'employés.

Pour en savoir plus, veuillez consulter le
www.trustrules.com

[1] Robert Levering, « The Great Place to Work® Trust Model, » https://www.youtube.com/user/GreatPlaceToWorkInc.

[2] Robert Levering, A Great Place to Work (Great Place to Work Institute, 2000), 26.

[3] Téléchargez l'étude complète au https://www.greatplacetowork. ca/en/resources/reports/636-empowering-women-for-innovation-and-business-

success.

[4] Alex Edmans, « Does the Stock Market Fully Value Intangibles? Employee Satisfaction and Equity Prices, » http:// faculty.london.edu/aedmans/ Rowe.pdf, doi:10.1016/j.fineco.2011.02.021; « The link between job satisfaction and firm value, with implications for corporate social responsibility, » Academy of Management Perspectives 26:4 (2012): 1–19.

[5] Alex Edmans, « The social responsibility of business, » TEDx talk, TEDx London Business School,

https://youtu.be/Z5KZhm19EO0.

[6] Ibid.

[7] Robert F. Hurley, « The Decision to Trust, » Harvard Business Review (September 2006): 55–62. HBR Reprint Reference R0609B.

[8] Thomas Barta, Markus Kleiner, and Tilo Neumann, « Is There a Payoff from Top-Team Diversity? »,

http://www.mckinsey.com/business-functions/organization/our-insights/is-there-a-payoff-from-top-team-diversity.

[9] Jeff Shore, « Have You Mastered the 3 Rules of Talk:Listen Ratio? », http://jeffshore.com/2015/03/the-talk-listen-ratio-for- sales/.

[10] Alan G. Robinson & Dean M. Schroeder, The Idea-Driven Organization: Unlocking The Power In Bottom-Up Ideas (Ber- rett-Koehler Publishers, 2014), xi.

[11] Cindy Ventrice, Make Their Day! Employee Recognition That Works (Berrett-Koehler Publishers, 2009), 189.

[12] Vivian Giang, « 71% Of Millennials Want their Co-Work- ers to be a 'Second Family,' » Business Insider (June 15, 2013), http://www.businessinsider. com/millennials-want-to-be-con- nected-to-their-coworkers-2013-6?IR=T.

À PROPOS DES AUTEURS

Bob Lee est un conférencier et un commentateur média de renommée internationale, ainsi qu'un haut dirigeant chez Great Place to Work, l'autorité mondiale en matière de cultures de lieux de travail hautement performants et au niveau élevé de confiance.

Bob a représenté *Great Place to Work* dans des conférences et des événements partout à travers le monde pour partager ses connaissances sur la raison et la manière de laquelle les meilleurs employeurs du monde se servent d'une excellente culture de lieu de travail pour stimuler un avantage compétitif. Fondateur de *Great Place to Work* UK. et Ireland, Bob a été haut dirigeant au sein de l'institut, y compris quatre ans en tant que président de son comité consultatif global. Il continue à soutenir des clients multinationaux dans son rôle de conseiller principal chez *Great Place to Work* USA. Bob détient un MBA du University College Dublin Smurfit Business School.

Jose Tolovi Neto est l'associé directeur de *Great Place to Work* Canada. Avant son entrée en fonction en 2008, il était associé et vice-président de notre filiale brésilienne, où il est toujours membre du conseil. Jose étudie les caractéristiques des cultures de travail de haute confiance depuis plus de 15 ans et se sert de cette expérience pour aider les entreprises à créer et à maintenir des environnements de travail de qualité. Il est également un conférencier respecté et contribue régulièrement à une variété de publications de gestion et de ressources humaines. D'ailleurs, il fait aussi partie du comité éditorial de la revue HR Professional. Jose est membre du comité consultatif global chez GPTW depuis plus de 6 ans. Avant de rejoindre l'institut, il était haut dirigeant dans l'industrie de la technologie et a travaillé pour des organisations telles que Microsoft et EDS au Brésil, en Angleterre, en Allemagne et en Espagne. Il détient un baccalauréat et une maîtrise en gestion des entreprises de FGV (classée meilleure école de gestion en Amérique latine). Jose a deux filles et habite avec sa famille à Toronto.

À PROPOS DE GREAT PLACE TO WORK CANADA

Great Place to Work est l'autorité mondiale en matière d'établissement, le soutien et la reconnaissance des cultures de lieux de travail hautement performants et au niveau élevé de confiance. Nous avons élaboré notre vision en nous inspirant de grands leaders, en interrogeant des millions d'employés et en examinant des milliers des meilleurs lieux de travail au monde. Nous nous efforçons de partager les connaissances que nous avons acquises grâce à notre travail avec des organisations de tout secteur et de toute taille afin d'aider les organisations du monde entier à établir, à soutenir et à répandre leur grande culture.

Le modèle de confiance *Great Place to Work* s'appuie sur 30 ans de recherches et de données recueillis grâce à notre sondage d'indice de confiance (Trust Index Survey), qui est réalisée chaque année auprès de millions d'employés partout dans le monde.

Au Canada, *Great Place to Work* publie la liste annuelle

des Meilleurs lieux de travail en collaboration avec le Globe and Mail, ainsi que plus d'une douzaine de listes supplémentaires, y compris les meilleurs lieux de travail pour les femmes, les milléniaux, l'inclusion et d'autres listes qui se concentrent sur différentes industries et différents emplacements. Notre programme de certification permet aux entreprises d'être automatiquement prises en compte pour toutes nos listes des meilleurs lieux de travail. *Great Place to Work* fournit également des services de consultation culturelle et des services de conseil aux cadres aux entreprises, aux organismes sans but lucratif et aux agences gouvernementales dans plus de 50 pays sur six continents.

En donnant à toutes les organisations la possibilité de s'évaluer en utilisant la définition la plus fiable et la plus complète d'un bon lieu de travail, nous pouvons accomplir notre mission de construire une société meilleure en créant de bons lieux de travail pour tous. Aujourd'hui, nous utilisons nos décennies de collecte de données pour créer une nouvelle norme mondiale sur ce à quoi les gens peuvent s'attendre de leur expérience professionnelle.

www.greatplacetowork.ca